China Association for NGO Cooperation
中国国际民间组织合作促进会

Since 2008
VISIONARY EDUCATION
中国国际民间组织合作促进会
教育扶贫志愿项目

燃一盏心烛

教育扶贫志愿项目十年集体记忆

孙国徽 等◎著

A Spark in the Kindle:

A Volunteer Team's Journey to Illuminating Rural Education

中国经济出版社
CHINA ECONOMIC PUBLISHING HOUSE
北 京

图书在版编目（CIP）数据

燃一盏心烛：教育扶贫志愿项目十年集体记忆/孙国徽等著. --北京：中国经济出版社，2021.7

ISBN 978-7-5136-6555-1

Ⅰ. ①燃… Ⅱ. ①孙… Ⅲ. ①教育-扶贫-成就-中国 Ⅳ. ①F126

中国版本图书馆 CIP 数据核字（2021）第 149665 号

责任编辑　姜　静
责任印制　马小宾
封面设计　华子图文

出版发行　中国经济出版社
印 刷 者　北京富泰印刷有限责任公司
经 销 者　各地新华书店
开　　本　880mm×1230mm　1/32
印　　张　7
彩　　页　0.25
字　　数　148 千字
版　　次　2021 年 7 月第 1 版
印　　次　2021 年 7 月第 1 次
定　　价　58.00 元
广告经营许可证　京西工商广字第 8179 号

中国经济出版社 **网址** www.economyph.com **社址** 北京市东城区安定门外大街 58 号 **邮编** 100011
本版图书如存在印装质量问题，请与本社销售中心联系调换（联系电话：010-57512564）

谨以此书献给所有心系教育发展、践行志愿精神的人。

VISIONARY EDUCATION

Since 2008

以见识成就山区教育
Illuminating Rural Education Delivery

中国国际民间组织合作促进会
教育扶贫志愿项目

Since 2008

仁爱·互助·成长

Benevolence · Collaboration · Growth

Since 2008

VISIONARY EDUCATION
中国国际民间组织合作促进会
教育扶贫志愿项目

共　序

王香奕　中国国际民间组织合作促进会副理事长兼秘书长

付　敬　教育扶贫志愿项目发起人之一、志愿者

继汇集50余位曾入选中国山区优秀校长国际领导力奖学金项目的山区“教育家”的教育管理精粹，出版《嘉言善行：山区校长谈教育》之后，教育扶贫志愿项目志愿者再度与中国经济出版社合作，回顾志愿历程和公益故事，接力推出《燃一盏心烛：教育扶贫志愿项目十年集体记忆》。前一本书聚焦思想交流，这本书重在分享志愿经历，以期读者在深入了解公益项目之时，亦能燃起投身志愿服务的满腔热情。

面向新时代，我们也期待这个由志愿者运营的公益项目在历经十余年积淀后，仍然能够不断生产出高质量的知识产品，持续提升生命力和影响力，更好地满足山区教育发展的迫切需求。

岁月飞逝。一个初创不易的草根公益项目，转眼已有了十多年的发展史，虽历经风雨，但一直顽强地向上生长。可以说，

这个致力于深耕山区教育的公益项目，这群默默奉献着光和热的企业家、爱心人士、知识分子和志愿者，都为这个时代的进步作出了具有独特价值的贡献。

教育扶贫志愿项目源于汶川大地震。2008 年 5 月 15 日，大地震后的第三天，时任《中国日报》资深记者的付敬来到四川省什邡市采访。在当地红白小学坍塌的教学楼废墟中，他发现一幅以“让世界充满爱”为主题的学生作品。然而，不幸的是，这幅作品的作者和他的很多同班同学已被埋在废墟中，永远离开了这个世界。

征得校方同意后，付敬将这幅画收藏了起来。在他看来，画中流淌的暖暖爱意，足以让生还者更珍惜当下。后来，在一场低碳公益晚会上，美国龙安集团总裁饶及人拍得这幅特殊作品。之后，付敬欣然同意饶先生深度参与，将这笔款项作为筹办公益项目的“家底儿”。他们一起前往灾区探望红白小学师生，并联合发起教育扶贫志愿项目。

中国近代著名实业家张謇说过：“以国家之强，本于自治。自治之本，在实业教育；而弥缝其不及时，惟赖慈善。”教育扶贫志愿项目将慈善与教育结合，让公益力量走进山区，以持续性输出的优质教育弥补山区教育的短板，为解决代际贫困问题开具了“良方”。

教育扶贫志愿项目由中国国际民间组织合作促进会主管，旗下有中国山区优秀校长国际领导力奖学金项目和海外学子支教项目两大板块。至今，已有来自青海、云南、贵州、四川、甘肃、西藏、新疆、内蒙古等20个省（区、市）的183位优秀校长入选校长奖学金项目。他们在京历经一场场精神洗礼，返乡后开始探寻更加科学有效的乡村教育路径。同时，支教项目已赴7所学校开展“七彩英语周”活动，在海内外学子与乡村孩子之间搭建起一座交流桥梁，引导千余名学生打开探索世界的“心窗”。

令人欣喜的是，目前已有223位海内外志愿者参与教育扶贫志愿项目，见证了项目的蓬勃发展，同时在公益事业的实践中不断成长。他们虽然身份各异，有在校大学生、公务员、教育工作者、媒体工作者及企业员工等，但又以“志愿者”这一共同身份利用业余时间凭专业所长运营项目、推动项目升级，逐渐形成一条专业化志愿服务之路。

十余年前项目发起时，本书主笔孙国徽成为“第一代”志愿者中的一员。当时，他还在中国人民大学攻读研究生，学业之余投身公益，此后孜孜不倦。出书一事常听他提起，没想到这么快就成为现实。国徽后来告诉我们，成书过程极为不易，如同一场艰难的跋涉：碎片化的时间，一字一句地书写，2011年起笔，2021年收尾，十年的世事沧桑融在一起。当这十年的志愿记忆画上句号，他的内心波澜万千。

作为深度参与项目的资深志愿者，国徽一直陪伴并助推项目成长。在项目里，他是大家公认的“笔杆子”，也是项目传播团队的“奠基人”，参与了历届项目整体方案的设计和传播内容的策划。也正是在这种“干中学”的项目文化中，他经历了重重锤炼。如今身为一名公务员的他，在更广阔的平台上发挥着作用。从国徽在项目执行过程中跻身“顶梁柱”之列，到他积淀之后与其他志愿者一起奋笔撰书结集出版，我们的共同感受是：志愿项目作为一个平台，“参与就受益”的“共同成长”文化得到充分彰显。

本书共分五篇，前四篇由国徽操刀撰稿；第五篇由刘小涵、彭晓波、陈红玲、李御智、李欣、范丹丹、郭亚楠、谭轩、Laragh Widdess、聂子瑞、Ella Monck 十一人撰写，多视角呈现志愿记忆。因此，这称得上一部汇集集体智慧之作。展开书卷，一篇篇质朴真诚的文章呈现在面前，一个个温暖动人的故事直击心灵，“小项目大影响”的项目设计初心得到体现。

本书即将出版的消息发布后，校长们的微信群一片沸腾。来自甘肃的马奋魁校长深情写道：“你们来自茫茫天涯，以稚嫩的肩膀，助力中国山区教育的脊梁。你们走向天南海北，用无私的爱心，播洒润泽山川的甘霖。”关注项目的赵国杰教授也即兴赋词《清平乐·致敬》：“你们教育扶贫，数载默默耕耘。二百二十三位，心烛一盏光淳。”这些诗意的表达与鼓励，是对志愿者群体十年奋斗的最好褒奖。

在本书出版之际，我们无比感谢饶及人先生、黄浩明教授、彭先成先生、罗丽婕女士、高云松女士、杨小青女士、黄向阳先生、陈乐生先生、赵妙根博士、范英杰博士、张柏玉博士、王丹娜女士和赵大兴先生等人这些年来给予的大力支持。目前，项目正在四川德赛尔化工实业有限公司、芜湖市持明慈善基金会、美光科技（通过赠与亚洲捐赠并进行管理）和黄向阳先生个人捐资等的支持下茁壮成长。

十余年间，多少个美丽佳话在项目志愿者当中广为流传。比如，父亲彭先成与女儿彭晓波一人出资、一人献智，堪称公益“父女兵”；元老级志愿者罗丽婕“转身”成为项目捐方后，同时拥有了志愿者、捐方“双重身份”，大家开玩笑说希望这样的志愿者再多一些，等等。这些温情故事都会在书中呈现。

运营教育公益项目过程中，我们深刻体会到，项目组织者最重要的角色是将一流的师资与项目对接起来。因此，我们深深感谢这些年来为山区校长授课的海内外专家学者和各领域精英。

世界经济论坛董事会执行董事艾德里安·蒙克（Adrian Monck）为本书作序，对此我们深表谢意。中国经济出版社资深编辑姜静老师以一双慧眼捕捉到这本书的独特价值，为此我们深表敬意。王方雪、谭轩承担了本书中几篇英文稿件的翻译工作，历届摄影志愿者为项目拍摄了大量精美图片，我们选用若干张融进文中，在此一并感谢。

当前，全球疫情仍未彻底消散。这一年，我们比任何时候都更依赖也更感受到联结的力量，因为只有彼此守望相助才能共克时艰。

放眼神州，我国脱贫攻坚战取得了全面胜利，教育扶贫志愿项目也是十年磨一剑，一步一台阶。“十四五”已开启我国全面建设社会主义现代化国家新征程，吹响了向第二个百年奋斗目标进军的号角。期待教育扶贫志愿项目持续推进教育公益的成果输出，为山区教育搭建可持续发展的交流平台，助力提升中国山区教育质量，引导培养出更多优秀学子，共同携手开启新的逐梦征途！

2021 年 4 月起草于布鲁塞尔、修改于北京

序 言

艾德里安·蒙克　世界经济论坛执行董事、公共参与事务主管

至今仍清楚地记得，20 世纪 70 年代初自己在英格兰一个乡村上的第一所学校。

小时候，周边环境已落后于我们在电影、电视和广播中所看到的外部世界数十年；好像世界不仅将我们的小村庄遗忘了，而且也没有注意到与我年龄相仿的孩子们的存在。得益于教育工作者们的努力，我和同龄的伙伴们才有机会在这个世界中发挥自己的作用。

对于我们这一代人来说，导师和志愿者的角色具有变革性。他们的帮助和启发使我进入大学学习新闻学，最后自己又以教授和领导者的身份回到大学。这就是为什么我很高兴有机会推介《燃一盏心烛：教育扶贫志愿项目十年集体记忆》这本书，并以此祝贺教育扶贫志愿项目所取得的成果。

显然，这一公益组织正在把变革带入新一代孩子们的生活中，志愿者们进入了山区孩子们的生活，而这些志愿者也有机

会了解山区的真实面貌。对于那些山区孩子来说，项目志愿者将他们与未来的机会连接在了一起。教育扶贫志愿项目以非常科学的方式践行它的宗旨，提前培训即将进入山区学校支教的志愿者，再让他们去培训、引导参与项目的山区孩子们，从而缩小山区教育与城市教育的差距。

作为一位教育扶贫志愿项目志愿者的父亲，我也可以证明这一经历将会对年轻志愿者产生深远影响。我女儿通过参加该项目，对中国山区孩子面临的现实挑战和未来可能有了深刻了解，她带回的友谊、照片和故事证明了这一事实。这种经历不只是完成了传统意义上的支教，更是一种深刻的人类交往体验。它激活了我们在教育中往往会忽视的一点——兴趣！

今天，在世界经济论坛的工作中，我看到了世界因技术而改变，进而使数亿人摆脱贫困，尤其在中国。

尽管超高建筑物和高铁是经济发展的重要象征，但是我相信技能和教育是为社会创造机会的动能。对于每个想要在21世纪取得成功的国家而言，释放新生代的潜力，将是走向成功的真正标志。

要取得这样的成功，就需要不断地再创造、再创新。教育扶贫志愿项目的工作在帮助山区教育开辟新道路，并引导那些从这个机会中受益的人们去积极影响下一代，这是一个非常重要的互动过程。

教育扶贫志愿项目的第一批受益者将在社会中崭露头角。

《燃一盏心烛：教育扶贫志愿项目十年集体记忆》的出版，正是一个思考该项目还可以走多远的契机。相信凭借项目志愿者的热情和努力，山区教育将取得持续性发展！

2021 年 4 月于日内瓦

扫码阅读英文原文

前　言

孙国徽

2010 年春，我在北京读研究生时，偶然成为教育扶贫志愿项目的志愿者。十多年后的又一个春天，我在人生路上努力前行，虽然参与的志愿服务工作越来越少，但一直心牵项目发展。

行走在这条公益坎途上，多次想过中途“撤退”，但最终还是坚持下来了。记得项目成立五周年之际，曾专门策划组织了一次志愿者访谈。

采访者问：“你做公益最大的动力是什么？”

我答：“求善的幸福感，精神上的充实感。”

他又问：“仅仅是这种心理感觉吗？”

我答：“更多是一种‘助人自助’的成就感与快乐感，能给自己、给别人、给社会带去一些真真切切的改变。”

他再问：“那么，这种改变的力量究竟多大？”

……

面对犀利追问，我的内心开始自问：“耕耘公益数载，真的只是源于内心的责任感与使命感吗？假若有一天自己热情消退、余力不足，还会再坚持吗？”

越困惑，越无解。只是知道，每年到了两大项目同期举办的“忙碌季”，若闲着就很不适应。尤其是每届校长奖学金项目结业典礼举行后，当校长们纷纷踏上归途，心头会有种空落落的感觉，甚至涌起一丝难于言说的忧伤。

身边的朋友、同事很少有人知道我在业余时间忙公益，只有自己清楚“教育”“公益”的浓郁情结已潜藏心底，以至于无时无刻不在搜寻着某些“关联点”。或许，这就是“第二职业习惯”吧。

2015 年 2 月的一天，友人转来《人民日报》的一篇报道《杨金元：一师一校一辈子》，我看完眼前一亮。在云南大山深处的一所小学，校长杨金元耕耘 30 余载，使这个有 52 户人家的村子走出 17 名大学生。他，不正是我们所要寻找的“乡村教育家”吗？

几经辗转，联系上杨校长并鼓励其报名。最后，当杨校长的名字出现在那届校长奖学金项目的入选名单上时，一种前所未有的幸福感扑面而来。

如果说，最初的选择是源于一种社会责任感，那么而今，在投身公益的光环与荣耀渐渐淡去后依然执着地前行，更多是基于一种停不下来的惯性、一种自然而然的习惯。

常常，下班回家的地铁上挤出半小时，或趁周末休息时腾出一小时，用这些“碎片化”时间为项目做些力所能及之事。我深知，事再小也得有人去做。做久了，总能有所改变。哪怕一点点小改变，集聚起来也能酝酿出大的改变。

一路走来，正是这些与山区校长、山区孩子、其他志愿者、爱心企业家，乃至家国和时代的联结互动，将一个个“孤岛”连成同一个世界，影响和改变着无数个“他们”和“我们”。

十年，一事。一事，十年。

我们都有太多的所见所闻、所思所感。闲暇之时，乐于以随笔形式将其记录下来。这一字一句的书写发乎心间，只为呈现草根公益项目的曲折生长史，描摹志愿者逐梦公益的原生态，思考新时代乡村教育的美好未来。

回望来路，恍然如昨。

3000 多个日夜，公益旅途中的点点星光，辉映成烛。未来的日子里，我们仍愿作一束萤火，愿为一盏心烛，纵然未能燃起烈焰，但跳动的火苗依然能穿透夜空，奋力照耀你我共有的这片星辰大海。

2021 年 3 月于北京

目录

第一篇　山村“燃灯者” // 001

以一个“灵魂”唤醒更多“灵魂” // 003
拨通面试电话时，那位校长正在放羊 // 006
守护那个“谎言”，值了 // 008
一位乡村校长的“流水账” // 012
不畏坎途的“迟到者” // 016
在国际领导力课堂上，他关注的是厕所问题 // 019
给山区校长们张罗一顿“散伙饭” // 025
在乡村小学建一座农耕博物馆 // 028
担子有多重，心就有多远 // 032
这笔“良心债”不还清，就不会离开 // 036
拄拐的希望小学“守门人” // 041

第二篇　公益江湖的“儿女们” // 045

“小鱼的故事”，你听过吗？ // 047
我们经常这样召开“国际会议” // 051
打虎亲兄弟，公益“父女兵” // 054
一个公益项目的生命力，决定它能走多远 // 058
从此，志愿者团队有了“智囊团” // 063
那年夏天，我们“失约”了 // 066
重返“起点”红白小学 // 069
这些“益”友们，每个人都值得被铭记 // 072

第三篇　且行且忧思 // 077

教育领域更需“精准扶贫” // 079
财富的归处：但问耕耘，莫问收获 // 083
把机会留给最需要的人 // 086
开阔眼界绝非初衷，学以致用才是目的 // 089
最渴望家庭教育“回归”的是乡村 // 093
时隔二十年，再当一回“小学生” // 096
那个以校为“家”的孩子，如今还好吗？ // 099
爱的“最后一公里”，无人可以替代 // 103
只有沉下去，才知道支教地最需要什么 // 107
支教乡村：深埋一粒种子，愿它生长发芽 // 110

第四篇　此处即吾乡 // 117

善缘之源 // 119
运河之上，有一处“精神坐标” // 123
忙在地铁1号线上 // 128
公益传播志愿者的午夜时刻 // 131
化解一场“公关危机” // 134
不甘为公益大潮中的“落伍者” // 136
低调公益，高调做事 // 139
十年过去，我还在这里 // 141

第五篇　“同行者”说 // 145

孩子们的信任，给予我超越自我的力量 // 147
种下更多“种子”，收获更多“礼物” // 152
力所能及处自当全力以赴 // 157
精诚打磨，公益品牌塑造出于点滴 // 162
“志愿”二字，在我心里悄悄变成了“幸福” // 166
成为一名志愿者，才知道那道光芒从何而来 // 170
丝丝缕缕的希望，是要寻觅灯塔的明光 // 173
海外学子支教项目：滋养视野、延展人生 // 176
支教给了我一次深刻的情感体验 // 180
一段寻找自我的旅程，一个传播温暖的故事 // 184
带着吉他去支教，是一个明智决定 // 187

附录　教育扶贫志愿项目历年参与者 // 189

第一篇

山村“燃灯者”

“是知灯者，破愚暗以明斯道。”
他们是守望乡村教育的“燃灯者”，
擎着微烛，
不知疲倦地照亮远方……

以一个“灵魂”唤醒更多“灵魂”

一个好校长，就是一所好学校。能否给孩子们提供优质的教育，关键在于校长能够站多高、看多远、走多快。这正是中国山区优秀校长国际领导力奖学金项目（下称“校长奖学金项目”）的逻辑发力点。

曾算过这样一笔“账”：校长奖学金项目每年培训16～18位校长，过去11年间共培训了183位校长。全国一共有多少位中小学校长呢？《2019年全国教育事业发展统计公报》显示，全国共有16.01万所小学，在校生10561.24万人；初中学校5.24万所，在校生4827.14万人。据此统计，全国共有21万多个中小学校长。

放眼全国，我们所培训校长的数量之微，如沧海一粟。

事再小，也总得有人去做。做了，或许就能有所改变。哪怕一个个小小的改变，积蓄久了，或许就孕育出一次大的改变。

校长奖学金项目看似在培训山区校长，实则意在培育学生。从某种程度上来说，校长们更多是“精神媒介”。借助他们，将精神的力量与知识的养分传输给其执掌学校的孩子们，才是项目的终极目标。

培养什么样的人，是教育面对的首要问题。早在 20 世纪 50 年代，德国存在主义哲学家雅斯贝尔斯的专著《什么是教育》中就有一组形象的比喻：“教育的本质意味着，一棵树摇动另一棵树，一朵云推动另一朵云，一个灵魂唤醒另一个灵魂。”

一路走来，我们所执着追寻的，就是要以校长的“灵魂”去唤醒更多学生们的“灵魂”。在这项“灵魂工程”中，校长奖学金项目做的正是第一步——先唤醒校长们的“灵魂”。

在项目的破冰活动中，校长们相拥鼓励

因此，此文开头的那笔“账”还有另一种算法：11 年培训的 183 位校长，覆盖 183 所学校，如果每所学校平均 1000 人的话，受益学生人数将达 18.3 万。这可就不是个小数目了！

每年设置培训课程时，我们竭力帮山区校长邀请他们的

“灵魂摆渡人”。比如，2018 年校长奖学金项目举办期间，北京王府外国语学校初中部校长严俊就受邀来到项目课堂，与山区校长们面对面交流，分享他执掌的这所国际学校的特色管理理念。

“国际学校与普通学校之间，到底差别在哪儿?”严校长自问自答，坐在台下的校长们像是“小学生”，满眼是求知求新的渴望。

在这堂课上，严校长提出个性化教学、注重综合素质的教育观念。他说，教育的本质是用一个生命去影响另一个生命，以“人”为基础，培养人尊重生命，引领他去认识、探索世界，应努力避开传统教育模式下“高压”“高强度”的学习模式，更注重培养学生的知识整合、思维创新、实践操作能力，提高学生的学科素养与综合素质。

课后，不少校长感慨，之前对学生的评价，主要是以考试成绩“一锤定音”，评价指标过于单一，是时候做些改变了。他们都记住了严校长所讲的这样一段话：“由终结性评价转向过程性评价，从‘知识本位’走向‘核心素养’‘能力本位’，更加注重‘以生为本’的培养方式。”

同仁一席话，胜教十年书。这是思想碰撞的力量，也是唤醒“灵魂”的第一步，更是所有志愿者的愿景。

拨通面试电话时，那位校长正在放羊

2016 年 9 月 10 日，又是一年教师节。每年这个时候，我都会给求学路上遇到的恩师们发条信息，感谢他们曾给予的指引与激励。

这天，突然想起一位素未谋面的校长。有一年，在选拔校长的电话面试环节，当项目志愿者拨通这位山区校长的电话时，他在苍茫的草原上大声回应："信号不好，正在放羊嘞。"

听到这个"小插曲"，觉得既好笑又心酸。无疑，这是我国山区教育的一个侧面。许多被一方百姓视为精神导师的校长，同样要在生存法则下奋力谋生。

他们是可敬的！无畏乡村教育的种种瓶颈，四处寻求向上生长的机会。而所做的这一切，只是为了一所学校，为了心爱的孩子们。

还有一年，就在校长们来京报到的前夕，贵州的黄校长刚到机场，就听闻父亲病重，他立即返回照看老人。待父亲病情好转后，他不愿放弃这次难得的机会，选择再度出发。

然而，他所乘航班两次因暴雨晚点，最后辗转了两天两夜才赶到北京。黄校长虽迟到了，但不顾旅途劳累，迅速融入团队，圆满完成之后的课程，最终拿到结业证书。

深知机会来之不易，校长们不虚度每分每秒的光阴

放眼波澜壮阔的中国教育事业，“小而精”的校长奖学金项目就像一小朵涌起的浪花，或许没引起太多人的注意，但在许多“黄校长”的眼里，它泛着最美的涟漪。

每年暑期，当十余位乡村教育“掌门人”从我们手中接过结业证书时，一切付出和辛劳都值了。我们始终坚信，这是一份实实在在的公益事业。

屈指数来，中国山区优秀校长国际领导力奖学金项目至此已走过十余个年头。志愿者团队聚在一起常开玩笑说，会不会有“十年之痒”？相信在大伙儿心里，答案都是否定的。

十年过后，当初的梦想还在，一群志同道合者仍在路上，并乐此不疲。

守护那个“谎言”，值了

2014 年春末，又一届校长奖学金项目的校长招募环节启动。经一位朋友推荐，河南的一位小学校长周志成（化名）进入我们的视线。从他最初传来的不太规范的申请表中，我得出如下信息：来自河南省南部地区的一个小山村，56 岁，守望一所希望小学 26 年。

出于敬意，我拨通他的电话，听到一个略显沧桑的声音。我详细说明了填写申请表的注意事项，他回话不多，只是一个劲儿地道谢。

第二天，周校长的申请表迟迟不来，我便短信问询。没过一会儿，回信来了：“我不参加了，抱歉!”

有些出乎意料，我急忙拨电话过去，周校长没做太多解释，只是说想把机会留给年轻人，自己的年纪有些大了。

后来，推荐周校长的那位朋友悄悄告诉我，周校长之所以放弃，是因为从未走出大山的他很不自信，其实内心还是很渴望到北京走一走的。

经过一番思想斗争，周校长的申请表最终“姗姗来迟”。

然而，第一轮初选时，他就出局了。这个结果并不意外，年龄是筛选校长的一条“硬杠杠”。周校长此时已年过五旬，以往的实践表明，年龄较大的校长，面对饱和的课程安排往往显得很吃力。

怎么办？我第一时间与周校长的推荐人进行了沟通。从理性层面来说，他非常认可校长奖学金项目专业化的运作模式与评选标准，对年龄因素也早有考虑。但从感性层面来说，他很想帮周校长圆这个“进京梦”。

于是，他顺势萌生了一个想法，能否在不占用校长奖学金项目资源的前提下，让周校长自费进京培训，相当于当个“旁听生”，具体经费由他来“化缘”。

在校长遴选讨论会上，我提交了一封为周校长增设特殊名额的申请信。在这封信中，我饱含敬意地写道：

走进北京课堂，或许是他一生的梦。教育扶贫志愿项目是为了“求变”，让校长改变自己，进而改变他的学校，改变孩子们的人生。其实，周校长身上已呈现出一种“变”，最初报名时，他因缺乏自信决定放弃，之后又鼓起勇气，重新报名。这种改变在项目开展之前已初露端倪，我相信，等他结束北京之行返回家乡，一定会让人眼前一亮。他的故事，注定将成为这届校长奖学金项目的一抹亮色。

年龄确实是选拔校长的重要标准，但非唯一。因此，我觉得可增添一个“特别名额”，帮助那些有特殊情况的教育工作者圆他们的“教育梦”。况且，不会占用项目经费，只是在课堂上添一把椅子而已。

……

经与捐方、核心志愿者讨论，大家一致同意为周校长增设自费名额，还给出两点建议：其一，与捐赠这笔特殊经费的爱心人士保持对接，做好周校长培训所用资金的管理工作，以后还可开设类似的专项基金；其二，注意后方组织工作，志愿者要做好周校长自费名额的保密工作，不让周校长本人知晓幕后详情，也不让这届入选的校长们知道，这样周校长才不会有心理压力。

一个听上去很美的“谎言”，由此开始编织。

2014 年 7 月 26 日，在志愿者的期盼中，15 位校长顺利抵达驻地——位于北京市海淀区的中德科学中心。

次日上午，我来主持破冰活动。初次与周校长谋面，他性格温和，但似乎不喜言谈。我俩寒暄了几句，各自回归角色。

项目期间，偶尔现身培训课堂。不知何故，总会第一时间搜寻周校长的身影。之前我一直担心，年龄较大的他能否适应快节奏、高强度的课程，是否会在课堂上“开小差”？方言味儿较浓的他，是否会因沟通问题被孤立于集体之外？

通过多轮“暗访”，我发现担心是多余的。周校长听课认真，一直以微笑迎人。

2014 年 8 月 3 日下午，第五届中国山区优秀校长国际领导力奖学金项目结业典礼如期举办。出人意料的是，周校长成了这届校长当中的优秀典型之一，志愿者们把他的奋斗故事讲给了来自山南海北的嘉宾们。

“从畏惧项目到享受项目，从不自信的希望小学校长到乐观积极的老大哥，周校长身上体现出一种‘变’。而这，正是我们所追寻的。”听到汇报人的这些评语，我心头暗喜：所做这一切，都值了。

一位乡村校长的“流水账”

2014 年 7 月，第五届海外学子支教项目①在河南省尉氏县孔家小学举办。对校长郭君英而言，这无疑是其职业生涯中的高光时刻。

作为中原大地上一所普通乡村小学的校长，郭校长常有力竭之感，“乡村教育是真的难，难了老师，苦了孩子”。如其所言，即使想做的事情很多，但手中的资源实在太少了。

因此，很多时候，她只能背地里抹眼泪。

将时光倒回至 2012 年春。那时，郭校长突然有了辞职的想法。原因有两个：一是认为自己没有更大能力改变学校面貌；二是再有两年就退休了，于是想早点把位置让出来。

纠结之中，她又病倒住进了医院。在身体与心灵的双重“疼痛”中，郭校长一时不知路在何方。

这年 5 月的一天，还在病榻上的她得知自己入选第三届中国山区优秀校长国际领导力奖学金项目，顿时感到身心轻松，病情也很快有了好转。

---

① 此项目于 2020 年更名为“走进山区教育（I SEE Initiative）”支教项目。

7 月，病愈后的郭校长来到北京。项目举办期间，她说自己一直被某种情愫沁润着，犹如一丝光亮照进心灵的暗夜。她不禁自生感慨：“有那么多素昧平生的人为了农村教育‘奔走呼号’，自己作为孩子们所崇敬的师长，还有何理由不为他们的未来点燃烛光?”

参加完这届校长奖学金项目，郭校长彻底抛掉辞职的想法，内心深处开始涌起一股劲儿：哪怕只能再干几个月校长，也要为这个学校、这里的孩子再拼一次！

2014年夏，参观清华园时，郭君英老师（右二）笑容灿烂

她告诉自己，要把在北京汲取的新知识、新理念传递给学校的师生们。农村穷，农村教育更穷，但要教育孩子们人格不能穷，作为公民的责任不能丢，心存大爱，懂得感恩，真正实现教育“用思想改变思想”的目标。

一事一记的“流水账”，足以见证她言之后的行。

2012 年 8 月，改造整个教学楼线路，安装吊扇、电棒。

9 月，购买报栏、宣传版面，搭建舞台让学生展示才华。

11 月，搭建车棚，供全校师生停放车辆。

12 月，用铲车把学校前面的空地推平，四周垒上 50 厘米高的围栏。

2013年2月，把破旧的教学楼门窗换新。

3月，垫平校园地面，原来学校的路坑洼不平，一刮风，校园内黄沙漫天，无法睁眼，教室、办公室满是沙土。

4月，硬化教学楼前的操场，修主干道，垒花池。

5月，主动争取资源，河南讯飞科技公司捐赠了两台乒乓球案子，还有羽毛球、足球等若干。

8月，改造厕所，给墙壁粘上一米多高的瓷片，以便清洗，地面铺上防滑地砖。

……

学校取得的这些成绩，与教育扶贫志愿项目是分不开的。校长奖学金项目提升了校长的幸福指数，让校长们想干、愿干、知道怎么去干。志愿者们的多次鼓励，让校长们想做、敢做、有思路做！一位不服输的乡村女校长，重新找回梦想！

凭着这种想干愿干的劲儿，郭校长执掌的这所乡村小学最终成为2014年海外学子支教项目的支教点。这之后，郭校长时常给支教志愿者发信息，帮他们提早了解学校情况。字里行间，流露出一种“用行动改变校园”的心迹。

2014年5月29日，县政协赠送学校一批体育用品与学习用品，这是我任教31年来首次获得援助，全校师生甭提有多高兴了！

6月12日，学校围墙早已修好，但是没有大门，支教的日子越来越近，我心里急，多次找教育部门领导，希望早点建个结实的大门。

6 月 22 日，支教期间，我将不会离开学校半步！

7 月 4 日，我们正在学校铺床被，我家的空调安到女生宿舍了，大家放心吧。

……

那年暑期的一个午后，10 名支教志愿者在阵阵蝉鸣声中来到孔家小学。一连 10 天，郭老师守着校园，寸步不离。

负责接待我们的郭老师无微不至，每人一床崭新的被子，把自家空调搬到学校，每顿饭变着花样，特意给志愿者定做了水杯，一切的细节，让我们停不下脚步。

清晨 6 点半，郭老师就送来了热气腾腾的早餐，队友们陆续起床，开始了新的一天。

从志愿者们的支教日记里，我们读出一位乡村教育守望者强烈的“存在感”。

2014 年 7 月 26 日，支教活动结束，志愿者踏上归途。这期间，郭校长也从校长的位置上退了下来。那届支教志愿者们都感慨，郭校长为学校所做的这一切，注定是其职业生涯中最绚烂的一笔。

如今，郭老师已退休几年了，但时常会想起三尺讲台，还有那个校园里书声朗朗的暑期。对她而言，心事已了，一生无憾。

不畏坎途的“迟到者”

2016 年 8 月，贵州威宁，正值马鞭草盛放的季节。

刚从北京培训归来，贵州省威宁县骑龙小学校长黄诚一刻没闲着，他梳理了学习笔记，准备给全校师生讲“开学第一课”。忆起那段在首都的难忘时光，他仍心起波澜。

那年的 7 月 23 日，入选了第七届校长奖学金项目的黄诚，一大早就乘车赶往离家 80 多公里的六盘水月照机场。

路上，他幻想过许多种进京场景，但最没想到的那一种出现了。

那天中午，刚赶到机场，他就接到大哥从老家打来的电话：“父亲病重，需立即送往县医院进行救治。”

听到这个消息，黄诚丝毫没有犹豫，立即告诉大哥：“马上送父亲去医院，我立即往回赶!”

黄诚拉起行李箱就往机场外跑，傍晚时分赶到了威宁县医院。从亲人的讲述中，他得知 80 岁的老父亲得了重感冒，高烧 39. 9℃，加上中暑，突然晕倒在地，一度不省人事。

经过整整一天的救治，黄诚父亲的病情终于有所好转。

7 月 24 日中午，黄诚校长立即联系那届校长项目的现场执行人何娟，询问还能否前来参加项目。此时，项目已启动，15 位校长刚刚经历了一场“破冰之旅”。

志愿者团队认真研究后，决定让黄校长前来参加项目。

机会又一次来临！然而，当天已没有从月照机场直达北京的航班，只能辗转至贵阳龙洞堡机场乘机。

24 日晚，黄诚一路狂奔至龙洞堡机场，终于登上了前往北京的航班。

深夜，这趟航班飞至北京上空时，一场突如其来的暴雨让飞机无法安全降落。航空公司根据指令，指挥这趟航班前往沈阳桃仙机场备降。

航班降落沈阳时，已是 25 日凌晨 5：00。这一天，沈阳的天气也突然“变脸”，一直阴雨蒙蒙。直到下午 6：45，航班才从沈阳起飞。

当晚 8 点多，黄诚校长终于抵达首都。从六盘水到北京，这段原本只需 3 小时的航程，他用了整整两天两夜才走完。

得知黄校长终于抵京，志愿者团队的微信群一片沸腾。此时，第七届校长奖学金项目已经开展了两天。

虽是“迟到者”，但黄校长还是很快融入了团队。5 天后，在校长奖学金项目结业典礼上，他与 15 位同行一道，领取了沉甸甸的结业证书。

黄诚校长（右三）很快融入了团队

聊起这次进京之行，黄校长笑言，他人生中类似的经历不止一次。2010 年 9 月，黄诚在贵州省威宁县羊街镇松林小学担任副校长。突然，上级将他调往当时全镇最差的一所学校——骑龙小学：硬件设施差、校园乌烟瘴气、教职工懒散、学风糟糕透顶、教学质量全镇倒数……黄诚努力让自己冷静下来：这不正是一次锻炼自己的机会吗？

入职后，他迅速进入工作状态。从绿化校园开始，他发动全校教师亲手种下一株株红枫、樱花、桂花、翠竹、垂柳、银杏树苗……继而，他狠抓教师作风，改变学生习惯，并制定一系列具有可操作性的规章制度，以“横扫千军之势”让学校风气焕然一新。

两年后，他执掌的这所小学，先后被评为绿色学校、“三养一改”示范校，并斩获全县同级同类学校教学质量奖、同级同类学校一等奖等荣誉。在当地百姓惊讶的目光中，骑龙小学从“后进生”转身成了“明星学校”。

如其所言，教育之路多坎途，关键时不放弃，必有厚报。

在国际领导力课堂上，他关注的是厕所问题

2015 年 2 月的一天，一位热心朋友转来一篇刊登在《人民日报》上的报道《杨金元：一师一校一辈子》。或许是出于对乡村教育的特殊情感，我一下子被这篇报道吸引了。

在云南大理洱源县牛街乡上星村，有一个“一师一校”教学点——海星小学。杨金元既是这里唯一的老师，也是校长。年少时，他放弃走出大山的愿望，一直留在村里。正是因为有了他和这所小学校，30 多年来，这个有 52 户人家的小村子培养出 17 名大学生。

他不正是校长奖学金项目所要寻找的人吗？感动之余，我把这篇文章发给项目发起人之一付敬及几位核心志愿者，并附言：“如此身处贫瘠山区却有如此作为的好校长，今年是否也可纳入咱们的招募计划中？”大家纷纷表示支持。

后来，通过在人民日报社工作的同学周亚军，联系上了采写那篇报道的记者姜泓冰老师。我给她发去这样一则短信：

姜老师，近日在《人民日报》看到您的作品《杨金元：一师一校一辈子》，被杨金元校长的情怀与故事触动。我是教育

扶贫志愿项目的一名志愿者，我们其中一个项目是中国山区优秀校长国际领导力奖学金项目，主要是从我国山区选拔有作为的中小学校长进京培训。很期望杨校长能在今年暑期参加此项目，圆他走出大山的梦，并助其汲取更多先进的教育理念。您能否提供一下杨校长的联系方式，向您的文与行致敬！

很快，姜老师回了信：

建议先和杨老师的女儿联系一下。因为杨老师在大山里，信号时常不好，不如先通过他在大理工作的女儿把情况说下。其实，我们也是通过一个在云南帮助山区贫困学校的公益组织发现杨老师的。积小善有大成，一点一滴的改变，会带给中国一个更美好的明天。

随后，她发来杨校长女儿的电话号码。

那天下班后，走在喧闹的街头，我拨通杨校长女儿的电话。当我介绍完项目情况后，杨大姐似乎对项目举办时间最为关心。她说，这个项目如果不是在假期举办，她父亲肯定参加不了，因为他走了，学校就没老师了。

我告诉她，校长奖学金项目在 7 月底举办，那时学校正放暑假。杨校长的女儿这才放了心。她说，会与父亲商量。几天后，杨校长发来了申请表。

经过几轮筛选，杨校长的名字最终出现在 2015 年中国山区优秀校长国际领导力奖学金项目入选名单上。那一刻，我内心欢喜。

7 月 24 日，是校长进京报到的日子。那天杨校长一大早就从家出发了。恰逢下雨，道路泥泞，摩托车没法骑，他徒步许久才坐上大巴车，几经周折赶到机场。航班原定下午 6 点半起飞，由于航空管运，当晚 11 点多才抵京。

2015年7月24日深夜，志愿者石琪琪（右）在首都国际机场接到杨金元校长

后来，得知一个小插曲：飞机落地后，杨校长打开手机试图与志愿者联系，无奈手机出了故障。走出机舱，他一时不知该往哪儿走，只好随人群往前移。

此时，前去接机的志愿者石琪琪正在出口处等待。由于之前见过照片，琪琪一眼就在熙攘的人群中认出了杨校长：一身素净的西装，一个简单的背包，和想象中一样朴实亲切。

前往酒店的路上，美丽夜色在车窗外匆匆掠过。杨校长给琪琪讲起自己的故事。

1962 年，村里计划成立第一个民办小学，没有师资，杨校长的父亲只身一人执教，拿着一个月 8.5 元的工资，即使苦苦支撑，也难以维持生计，父亲含泪“弃教从农”，学校只能停办。村里的孩子们不得不翻过山头，走十几公里的山路到另一所学校求学，许多孩子因此辍学。

那时的杨校长正读初中。在村民的鼓励下，他义无反顾接过父亲的执教棒，某种程度上也算是“子承父业”。每天下午放学后，他会走很远的山路，再回到村里的小学教书。之后，一晃就是30多个春秋……

到了酒店，办完入住手续已是凌晨两点，这一晚，杨校长虽很疲惫，但激动得几乎无眠。

第二天是个周日，校长奖学金项目如期启动。我很早就从家赶到项目举办地——中德科学中心。

终于见到了杨校长。项目现场氛围活跃，不喜言语、偶尔一笑的他很容易被认出。别看他身材壮实，说话时却语气轻柔。

趁着课间，我俩打了招呼，握了手。当天课程结束后，他归队，我回家，彼此并未深谈。

项目举办期间，我下了班就抽身赶往项目现场。一到现场，总会不自觉地搜寻杨校长的身影，观察他的状态。

直到项目临近尾声，才和他进行了一次深谈。那是在课间，我与杨校长在走廊间的沙发坐下。一问一答，对谈交心。

我问他，这几十年来最骄傲的事儿是啥？

“学校有啥事儿，我一喊，全村人都来！”说这话时，杨校长的声音比平时大些。尤其是到了每年除夕，外出游学、工作的学生们归来，杨校长就开始张罗着在校园里自编自导一台

“村晚”。那一晚，全村 130 多名父老乡亲都会挤进小校园，唱歌跳舞。这个位于高寒山区的小村子，等来了一年当中最热闹、最美妙的夜晚。

在北京培训期间，杨金元校长第一次走进故宫

我又问，这一路走来，想过放弃吗？

他打开了话匣：“20 世纪 80 年代末，村里人外出帮工一天至少赚两元钱，我当时只靠每月 28 元工资养家。妻子在 20 世纪 90 年代中期患了风湿病，无法干活，加上父亲生病需要治疗，养家的担子压得我几乎透不过气。”

当时，他确实想过像同龄人那样到外面打工，或者学个手艺赚钱。然而，每次要辞教时，一想到“这些学生咋个安排”，就又放弃了。直到 1996 年，他当上了公办教师，每月工资一下从 50 元涨到 350 元，生活才算安稳了下来。

我最后问他，目前学校最需要帮助解决的难题是什么?

“厕所问题!”这次的回答斩钉截铁。原来，杨校长想表达的意思是，学校里用的是年久失修的旱厕，极不卫生，他很心疼这些孩子们。

这个答案有些让人吃惊。就在我们力求帮助校长培养国际领导力的课堂上，杨校长却在关注这样一个看似“难登大雅之堂”的问题。

但一细想，讨论乡村校园的厕所建设实际上很有意义。记得有专家曾言，不注重厕所卫生的国家，是没有文化和未来的。目前，厕所条件差已成为许多学校普遍存在的办学短板。在乡村学校掀起“厕所革命”，是基础教育“补短板”的重要一环。

杨校长非同寻常的“关注点”让我们深刻意识到，一些看似最基本的诉求或许对乡村校长们来说却是最重要的诉求。我们在用心设置一些“高大上”课程时，更要关注校长们远道而来的初衷。让他们带回自己真正渴求的，才是校长奖学金项目应有的本心。

给山区校长们张罗一顿“散伙饭”

每届校长奖学金项目结束的当晚，志愿者们都会为十几位校长组织一次毕业聚餐，如同是一场特别的欢送仪式。这个传统一直延续至今。

2010 年夏天，第一届校长奖学金项目画上句号那晚，我们把聚餐地点定在一家名为“孔乙己”的饭店。席间，一位平时言语不多的女校长，饮起酒来甚是豪爽。放下酒杯，她拉起志愿者的手，回顾自己二十多年的执教生涯，聊起她放心不下的学生们……

“今晚之所以喝这么多，只想引起你们的注意，让你们记住我。”她这句脱口而出的话，让大家很惊讶。

原来，她执掌的那所学校，有一位学生家境贫寒，读书成了一种奢望。在孩子即将退学之际，身为校长的她渴望能有人能帮孩子一把。

听着校长情牵千里的忧虑，我们都很触动。酒精或许麻痹了神经，但她那颗热爱学生的心，依旧那般清醒。

“散伙饭”有悲情，亦有喜悦，有时更像是一台“晚会”。

气氛烘托到了，校长们会开始个人才艺秀，河南豫剧、侗族大歌、藏族舞蹈等节目轮番登场。

2012 年 7 月 21 日晚的“散伙饭”，最是难忘。

那天，50 年一遇的暴雨突袭京城。从早到晚，瓢泼大雨一直未停。傍晚 6 点，校长奖学金项目结业典礼结束后，雨势更猛。大伙儿心头一颤，这么大的雨，还能到 500 米之外的饭馆吃“散伙饭”吗？

大雨没挡住大伙儿团聚作别的热情。校长们纷纷回楼上宿舍，换上拖鞋，卷起裤腿，转身都成了“庄稼汉”。路边积水越来越深，漫过小腿。大伙儿排成一列，小步挪动。

平时步行 5 分钟的路程，这次走了近半小时。

这是一家川菜馆，大厅里几乎无人。我们的到来打破了沉寂。

全然不顾窗外的雨水，大家沉浸于“食之不易”的相聚中，有开怀畅谈之乐，亦有依依惜别之伤。一切的离愁别绪都消散在雨声中。

因当时住得比较远，晚上 9:00 就先行告辞了。

外面雨势渐小。蹚水狂奔了 10 分钟，来到五道口地铁站，坐到西直门却因地铁 2 号线已关停，没法换乘，只好换乘地铁 4 号线一路南行至北京南站。出了地铁站，距离家还有很长一段距离。

夜风微凉，索性步行。

路边有不少轿车“趴窝”，眼前仍是雨雾缭绕，一口气不知走到了哪儿。走累了，只好停在一个公交站休整。没一会儿，一辆黑色轿车停靠了下来。车窗摇落，司机招呼我们几个路人上车。担心是“黑车”，大伙儿都很慎重。这时，热心的师傅张口说：“赶紧上车吧，随便给。”

走进家门，已是夜半。不禁感慨，这顿“散伙饭”，聚之不易，散去更是不易。

后来，有几次“散伙饭”改用长桌，将几个长方形的桌子拼成长长一排，校长们与志愿者们对坐两侧，阵势壮观。席间，有说不完的话、道不完的别，这样的夜晚总显短暂。

大家心里都清楚，此餐之后，就是离别。第二天，每个人都将怀揣新的梦想，从“心”返乡。

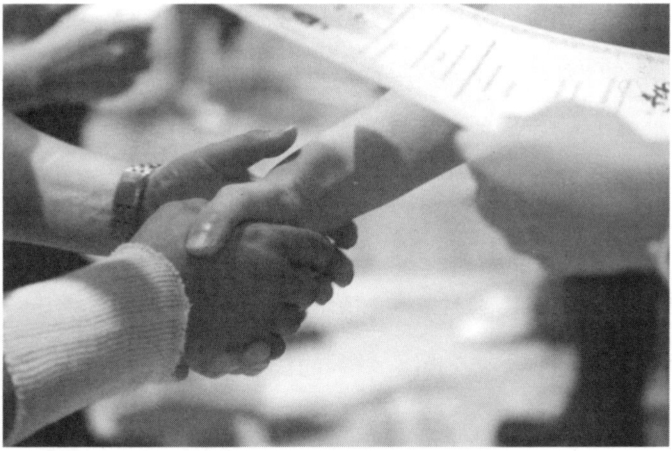

临别前夕，校长们依依不舍

在乡村小学建一座农耕博物馆

2016年初夏的一个清晨，我从北京南站出发，乘动车先抵达江苏省徐州市，之后又坐大巴辗转赶赴安徽省的萧县——江苏、山东、河南、安徽四省交界之地。

在县城的汽车站，时隔3年再次见到杜楼镇中心小学校长王海龙。他穿着白衬衣，开着一辆布满尘土的面包车来接我。早在2013年夏，王海龙校长入选过校长奖学金项目。当时，对他的最初印象是，在课堂上沉稳少言，但偶露思想锋芒。

这次见面，是在他的家乡萧县杜楼镇——淮北平原一个寻常小镇。

车行半程，王校长打开了话匣。这个镇子东南角有个村子叫"鞭打芦花车牛返村"，这是中国最长最古老的村名。相传，春秋时期孔子"七十二贤之一"的闵子骞随其父于一雪日牵牛车走亲戚，途经此村庄，因山路车颠，牛索头歪了，其父令骞下车去扶正，见骞哆嗦好大一会儿未能扶正，其父夺鞭抽其背部，一鞭下去，只见骞袄绽开，芦花飞去，其父大惊，转而查看两个弟弟的棉袄，皆为丝棉，恍然大悟，欲休其妻，闵子骞哀求：“母在一子单，母去三子寒。”其父感动，遂罢休妻之念，继母悔悟向善，村子也由此得名。

从遥远的传说中走出，走进王校长执掌的学校——杜楼镇中心小学。曾在照片里见过的衰旧痕迹已不见踪影，迎面伫立的是一座漂亮且精致的乡村小学。校园周边，麦浪随风翻滚。

从北京返乡后的 3 年里，王校长一直没闲着。从改变校容开始，他在校园里铺了一条平整的水泥路，并且在两侧砌了石栏。他还笃信“写字立人”的理念，专门给学生们开设书法课。

王校长说，光有钱不一定能成事，要用爱心来做事。

下午，我来到学校老师们的办公室，与几位没课的老师交谈，王校长则去给孩子们上课。这位一校之长的授课任务并不轻松，先去教数学，然后还有一节美术课。

下课后，王校长带我来到校园一角，说要领我去看一个博物馆。我原以为是校史馆，但推开门那一瞬，眼前一亮。

一间 20 平方米的屋子，俨然一派田园气象。山区农具、平原农具、河湖捕捞工具、生活器具等，被分门别类地摆成列放成行。一屋子多年未见的“老古董”，活生生立在眼前。儿时的乡村记忆一下被唤醒，泥土的味道扑面而来。

原来，早在多年前，王校长就开始了这场非凡且艰辛的“寻根之旅”。作为一名生在农村、留在农村的教育引路人，他觉得如果再不去搜集祖辈们耕种时用的那些“家伙什儿”，恐怕真的就来不及了。

农耕博物馆一角

在大工业时代，大型机械化基本取代了人工劳作，所有关于农耕的记忆都正在远去。如今，农村孩子对农耕时代的认识也越来越模糊，他们所能直观感知的，唯有眼前这一片绿色田野。

奔走了几年，他搜集到推车、犁、渔网、斗、石磨、纺车、织布机等近 300 件。其间资金出现过困难，他一度想放弃，但 2013 年那次进京培训，某位授课老师一句“乡村教育未来的希望在你们”的铿锵之语，坚定了他回去搞特色校园文化的信心。

回乡后，他挨家挨户搜寻散落四处的农具，直至农耕博物馆挂牌。

课余时间，学生们会三五成群来到此处，摇一摇旧式纺线机，看一看祖辈们在庄稼地里耕作用的“老物件”，不亦乐乎。

我相信，当一双双稚嫩的小手触碰到祖辈们留下的劳动结晶时，这些孩子们感受到的，一定是对脚下这片土地的无限遐想与感恩。

王校长说，光有钱不一定能成事，要用爱心来做事，让正在淡去的农耕文明永续人间，是给孩子们的最好礼物。

“寻根”农耕文化，在现实教学中确有明显德育反响。杜楼镇中心小学有座食堂，名叫“悯农厅”。王校长很自豪地说，如今，几百个学生吃饭，每天的剩菜剩饭全堆放到一起，只有一小盆。

那天下午5点，放学时间到了。接孩子的家长们从周边村子聚拢而来，校园里顿时人头攒动。在熙攘的人群中，我远远看见王校长伫立在校门外，认真疏导着车辆与行人，像一位点兵沙场的将军。

王海龙校长站在校门外疏导交通

担子有多重，心就有多远

2016 年夏的那次安徽之行，还见到另一位校长——萧县杜楼镇王台子教学点校长王坚。几年未见，他的两鬓已生出不少白发。

那是一个细雨蒙蒙的清晨，王校长带我逛校园，给我讲他的教育生涯。这个生长于教育世家的汉子，毕业后没有到外面闯世界，而是一直留在村子里执教。

县里的教育部门几次想调他走，都被他婉拒了。对王校长而言，在自家门口“站好岗”，慢慢成了一种不可推脱的责任。忆及过往，他深情说道：“如果自己走了，还有谁会坚守？”

只有他心里清楚，自己留在村里教书，是当了半辈子老师的老母亲的最大心愿，也是那些看着他长大的乡亲父老们的共同心声。

王台子教学点校园面积不大，清一色的平房。虽然硬件设施比较落后，但王坚校长尽心尽力争取各路资源，给学校带来了实实在在的改变。一眼望去，新建成的幼儿园宿舍温馨漂亮，学校食堂干净整洁——用王校长的话说，能给孩子们的，全给了。

这个小小校园，实在没有剩余空间了。他和近10位老师，搬进村里的老祠堂办公。走进去看，幽暗阴凉，已现裂痕的墙壁上高悬着村里祖宗们的牌位。

在王坚校长的努力下，杜楼镇王台子教学点收获了不少荣誉

初遇王坚校长是在2012年夏，第三届校长奖学金项目举办期间。这位北方汉子皮肤黝黑，一笑起来眼睛眯成一条线，平时似乎总藏着心事。志愿者们心里都明白：许多来自偏远地区的校长，好不容易进京一趟，除了参加培训，多少都会带点儿发展学校的“私心”来。王坚校长也不例外。

培训期间，他经常向我们打探医院方面的情况。起初，大家并没太在意，以为他只是好奇，直到后来，听他讲了一个故事，才得知他这次进京背负的担子有多重。

几年前，他的学生小林下肢突然肌肉萎缩，小林的父母四处求医，不仅花光所有积蓄，还欠下不少债务。

一户普通人家的平静生活，被无情打破。

为照顾行动不便的儿子，父母放弃了外出打工，父亲在家打零工养家糊口，母亲则照顾儿子的起居，每天骑三轮车接送他上学。

到了清晨，在王台子教学点，大家经常看到这样的场景：妈妈抱着 90 多斤重的儿子，深一脚浅一脚，吃力地挪向教室门口。小林的妈妈经常有这样的担心：再过两年，可能就抱不动了。

小林很懂事，自尊心也很强。他从不给人添麻烦，只是在教室安静地坐着，一整天几乎不喝一口水。

有一个老师，读懂了他的忧虑，对他说：“孩子，渴了就喝吧，老师背你去厕所。”孩子却轻声回应：“老师，没事，我不渴。”

从外校转入王台子教学点后的 3 年多时间里，小林在校期间几乎没上过厕所。

有一天，他兴奋地对王坚说：“老师，昨晚我做梦能站起来啦。”

得知王校长要去北京，小林的父亲专门找了他：“王校长，您到了北京，如果知道哪儿能治好小林的病，一定告诉俺啊。”小林父亲的一席话，让王坚校长洒下两行热泪。

听完这个故事，我和志愿者们沉默了。

回乡后，王坚一直琢磨为小林做点儿啥，还特意请远在浙江省台州市任教的弟弟帮忙。王坚的弟弟发动班里的学生，募捐到 1300 多元。王坚说，这笔钱数额虽不大，但对这个负担沉重的家庭来说，相当于几个月的生活费。小林的妈妈拿到这笔钱后，含泪重复着同一句话：“谢谢，谢谢！”

后来听王坚校长说，小林上六年级后，随着体重增加，妈妈再也抱不动了，他也从此告别了校园。而这，成了王坚校长心中永远的遗憾。

这笔“良心债”不还清，就不会离开

2011 年冬，在位于河北大山深处的佟栅子小学，我见到了代课老师丰海丽。此前，在我的印象中，“代课老师”这个名词，似乎早已从公众视野和公共讨论中淡出，直到见到海丽那一刻，才感知到这个群体的真实存在。

海丽执教的这所小学，位于河北省隆化县汤头沟镇佟栅子村。毕业于这所希望小学的海丽，高中辍学后又毅然回到这里教书。一走一回，她前 24 年的岁月似乎画了一个圆。

读小学二年级的时候，海丽的母亲心脏病时常发作，天天躺在炕上，啥活也干不了。一家人只能靠父亲种的几亩玉米维持生计，收成不好的话，一年才一千多元的收入。每学期不足百元的学费，小海丽总要拖很久才能交。

那也是一个冬天，阴冷的天空飘着雪。

正在校园里走着的小海丽，穿着用妈妈衣服改制的大褂，冻得直发抖。此时，一群陌生人从校门口走进来。原来，自从一家央企开始援建这所希望小学，企业员工们时常自发前来看望这里的孩子们。

从天津赶来的韩阿姨，第一眼就看到了小海丽。她匆忙跑上前去，紧紧抱着这个女孩。然后，她从包里掏出准备好的羽绒服，给海丽穿上，还帮她系好扣子。

某种说不出的温暖，滋润着海丽的心。

初二那年，妹妹出生，海丽辍学了。这个决定是她主动做出的。此时，妈妈仍卧病在炕，弟弟刚上小学，她实在不想再看到爸爸累垮。

看着同伴们上学，她心里也急。好几次，父亲都见她抱着书本，一边看一边悄悄抹眼泪。父亲劝她重回学校，但海丽硬是不去。

那段辍学的日子里，她白天照看小妹，晚上捧着课本久久不愿放下。

有一天，来自那家企业的另一位员工赵风琴走进她的家。原来，她在佟栅子小学听说海丽的情况后，很是心疼，立刻赶了过来。

“海丽，我们会像对待自己的女儿一样帮助你。”抛下这句话，赵风琴回到了天津。她联合热心的同事，帮海丽交完读初中的全部学费，还多次写信鼓励她好好读书。

读高二那年，妹妹也上学了。3 个孩子一起伸手要学费的场景，海丽不忍再看，她再次决定退学。那时，母亲的病还没好，整天唉声叹气，海丽不想让她再为 3 个孩子的学费劳心。

“丽，咱村的小学缺个老师，你愿意去不?”母亲心疼整天没有食欲的女儿，帮她寻出路。

听到这个消息，海丽的眼睛终于闪现出一丝光亮。

海丽的母亲知道，女儿很想读书，但懂事的她不好意思再去求助了。他们一家子已经很知足，如果没有那些好心人的资助，海丽甚至连高中都读不了。

退学这件事，海丽一直瞒着那些好心的叔叔阿姨。

2005 年，当那些叔叔阿姨再次来到佟栅子小学，看到正在教室教课的丰海丽，大吃一惊。知道真相后，大家鼓励她，既然又“重返”校园，就好好工作。

村里人都清楚，每月几百块钱的工资，绝非支撑她留下的理由。她是舍不得离开那些可爱的孩子们。

2009 年冬的一天，丰海丽病了，发着高烧，还不停咳嗽。她没请假，硬撑着给学生们上课。除了英语，这个班的其他所有课她都要教。下课后，学生小林手拿一盒西瓜霜，跑到她面前说：“老师，我妈说了，吃西瓜霜嗓子就不疼了，这是我刚跑回家给你拿的。”放学后，另一个学生跑来“告密”。原来，那盒西瓜霜不是小林从家拿的，而是趁下课跑去商店买的，因为没带钱，还赊了账。

第二天一早，海丽迷迷糊糊醒了，头晕得厉害。她正要起床，一帮孩子闯进来了：“老师，我们不让你去上课，你都病成这样了。”

丰海丽笑了笑，坚持要去。

“老师，你是担心你不在教室我们会打闹吗？放心吧，我们不打闹。”孩子们继续给她做“思想工作”。

海丽想下床，却怎么也找不到鞋子。原来，孩子们把她的鞋藏起来了。他们还商量好，留下俩人照看老师，其他人去学校代她写请假条。

“校长，我们丰老师都病几天了，又发烧又咳嗽，别让她上课了。如果她病倒了，就没人教我们了。”写字工整的小石磊，替自己的老师写好了“请假条”。

拿着假条，他们匆忙跑进校长办公室。校长以为是学生来请假，看了一眼那个小纸条说：“请假条要用 A4 纸！”

没那么大的纸，这可咋办？他们又回到教室，拿出作业本，撕下来 4 张，硬是用胶水粘成了一张大纸，然后又跑去找校长：“这是我们老师的假条，她病了，求您别让她上课了。”

看到这张特别的假条，校长心头一暖，当即说道：“孩子们放心，不让她来，我给你们上课！”

在外打工的丈夫，两个月回一趟家。每次回来，都看见海丽趴在桌子前准备教案。丈夫埋怨她说：“到底图个啥，就那么点工资钱，还不少受累。出去干点儿啥不行啊？”

这时，海丽一般不吭声。

丈夫接着说：“我早看透你了，就是离不开那个学校。”

对于这些话，丰海丽并不生气，她理解丈夫。2004 年开始教书时，她每月工资 150 元，后来涨到每月近千元。而其他在编教师，每月工资是她的几倍。

别的老师上班，早骑上了电动车，只有她骑一辆破旧的自行车，每天穿行 10 里山路。到了冬天，途中的那条河还会结冰，她只能推着车慢慢挪。

放学后，丰海丽老师目送孩子们回家

丰海丽所嫁的三屋村，有所小学也招代课老师，而且就在家门口，工资还高些，但丰海丽不愿去。她说自己离不开佟棚子小学。

告别前，我问她，以后打算离开学校吗？她说，心头就像装着一笔“良心债”，债不还清，就不会离开。

丰海丽的经历，应该是代课教师群体中一个非典型的案例。支撑她走下去的，纯粹是一种回报滴水之恩的执念。而其他那些代课老师，一路坎坷走来又有着怎样的过往？

虽然教育部门早已明文规定清退和取消代课老师，但不少偏远山区因财政困难而招不到公办老师或公办老师不愿去，这些空缺仍需代课教师来填补。这个群体没有正式的教师编制，工资很低，更没有其他福利待遇，却为农村基础教育默默奉献着。无疑，他们需要更多的关注与优待。

拄拐的希望小学“守门人”

2011 年秋，一个午后，阳光正好，我在河北隆化县小汤头沟村希望小学遇见了老陈。

这所学校的大门，年近五旬的陈国强已独自守了 20 年。他用的是一条腿，另一条“腿”是根 7 斤重的铁拐。

1987 年，21 岁的他在砖场干活时，左腿不慎被钻机轧断。伤好后，没法再干重活，他只好去北京收破烂。1990 年冬，老陈又回到河北老家。那会儿，小汤头沟村小学正好没人看大门。村干部找到他说：“眼下村小没人看门，闲人进进出出，你过来看几天门吧，过了年我们再找人。”

老陈本不情愿，但转念一想，都是乡里乡亲的，只好应下。

春节过后，还是没人愿意干这活儿，老陈只好继续看门。他未曾想到，这一待就是 20 年。

老陈一直未婚。聊起这个话题，他有些难为情：“咱这条件在这儿搁着，自个儿还顾不了自个儿，哪还有那门子心思！”

一根拐、一扇大门、一群孩子，几乎占满了他的生活。

上课时，校园还算热闹。一到晚上，学生、老师各自回家，院子空荡荡的。一种承受多年的孤独，开始慢慢侵蚀他的心。

锁上门，拄起拐，沿着门口那条山路，老陈在暮霭中缓缓前行。眼前模糊的田野、远山，对他来说都属于外面的世界。过去这20年，他没出过远门。一公里外的那家小型超市就是他常去的远方。

当地人说，陈国强脑袋瓜好使。一次，校长新买的手机丢了。他听说后，拄着拐出去了。3小时后，他回到学校，将手机塞到校长手中。

校长很吃惊。他没料到这位看门师傅有这么大本事。其实，老陈天天在学校待着，附近哪些人喜欢偷鸡摸狗，他心里一清二楚。在这些人面前，他从不胆怯。手中那根拐，吏不知吓跑过多少人。

3年前，几个无业青年闯进学校。陈国强先是讲道理，让他们离开。有的人骂骂咧咧走开了，有的不走嚷着要打他。陈国强抡起手中的拐杖，硬是把他们轰出了校门。就连校长都说，这个大门，只有老陈守得住。

对孩子们，他却呈现温情一面。有个学生肠胃不好，吃米饭闹肚子，他妈妈就买了几箱方便面，放在老陈那儿。每天中午放学，老陈就给孩子煮面，还把自己省下来的鸡蛋打进去。

到了农忙时节，有的家长要下地干活，一大早就把孩子送过来。老陈把孩子带进自己的小屋，快上课时再把他们交给老师。

陈国强不是在编教师，仅仅是村里配给学校的护校人，但他把护校看作一件大事，这件事甚至关乎生命的价值。

每年初夏，六年级毕业季，这个时候老陈最开心，也最难受。

他记不清送走了多少届学生。只记得有些学生离校前，会到他的小屋坐坐，说上一声，陈师傅，我毕业了，要去县城读书了……

虽说也想多识几个字，但20多年了，老陈从没去教室旁听过一次课。“如果我一瘸一拐去了，声响那么大，肯定打扰娃儿们念书嘛。”

有时，家长送饭，没等下课就来了。他们求情想进去，老陈却啥好话也不听。有些家长有怨气，说他成心的。“咱得守住这个门，门外就是条通往赤峰的公路，大货车多。孩子如果悄悄溜出去，出点啥事可咋办？”

所有这些委屈，他都咽进肚子里。但有一次，他还是发火了。

那是个冬天，一个学生的家长来送饭，但他的孩子作业没做完，被老师留在教室。这位家长在门口等了会儿，有些不耐烦，非要闯进去。

老陈不开门，这位家长就在门口破口大骂。

老陈强忍着，走出来解释说：“我干的就是这个，假如有个孩子跟着你出去让车碰了，我咋向他爸妈交代？”

那位家长不由分说，一把将老陈推倒在地。不知从哪儿迸发出的力量，老陈扶着墙，靠一条腿站起来和他理论。

事后，老陈越寻思越觉得憋屈，饭都吃不下。晚上，他找上那家的门，夺下那位家长手中的饭碗。他只想讨一个说法，凭啥打人？

最后，人家赔礼道歉。夜深了，道不好走，那位家长还特意把他送了回去。那晚，老陈睡得很踏实。用他的话说，找回了做人最重要的东西。

临别时，我问老陈还想干多久。他爽快答道，如果学校愿意，他想干到60岁。

第二篇

公益江湖的“儿女们”

忙忙碌碌的尘世间，
“益”友们纯粹地做着同一件事，
不夹杂丝毫功利之心。
这片江湖很静，
他们走得轻松自如。

“小鱼的故事”，你听过吗？

2015 年春天的一个午后，在位于北京北二环的依云咖啡馆，分别两年后再次见到元老级志愿者陈燕红。可以说，燕红是我公益生涯的领路人。

最初，她带着我和杨翠“白手起家”，在教育扶贫志愿项目的初创期摸爬滚打，后来项目渐渐发展成型，她从公益圈渐渐隐退，回归家庭。

大四下学期，燕红就踏进了公益事业的大门。

那是一次偶然的机会，她认识了一个打工子弟学校的校长。正好这个学校在申请某国际公益机构的资助，但缺一个英文翻译志愿者。正在大学读英语专业的燕红决定过来帮这个忙。

申请资助的过程艰难且漫长。但凭借一种不认输倔强，她帮这所打工子弟学校完成了长达十几页的英文申请材料，沟通邮件不下几百封。最终，辛苦没有白费，这所打工子弟学校成功申请到一笔 54 万美元的资助。

最忙的那段时间，她经常加完班去赶最后一班公交回校。走在校园的静寂星空下，燕红心里特别踏实，因为总算能用所学为打工子弟的孩子做点事情了。

毕业后，燕红顺利进入南都公益基金会工作。她担任专职公益人，专门负责资助农民工子弟的教育项目。而此前，她对职业公益人并不是很了解，不敢相信还能把帮助别人当成事业来做。

作为基金会的全职工作人员，她并不满足于只是在办公室看看文字材料，一有机会就跑去打工子弟学校，实地察看郊外那些“不一样的世界”。

参与建造了几所打工子弟学校后，基金会发现之前设想的路线行不通，社会资源也没有跟上，凭一己之力又根本负担不了更多的学校建设。基金会一下陷入转型之痛中。

纠结了好一阵子后，燕红决定再找些事做。这位来自云南大山深处的柔弱女生，怀着对贫困地区的某种特殊情愫，机缘巧合之下又加入教育扶贫志愿项目的筹备工作中。

在公益这条路上，她重新出发。

2010年夏，第一届中国山区优秀校长国际领导力奖学金项目和海外学子支教项目同时启动。对一个没有办公场所、没有雄厚资金、没有先例可循的“三无”草根公益组织而言，未来的一切都如一张白纸。它所拥有的，仅是志愿者们的满腔热情和一颗颗向上生长的善心。

从找场地到设置课程，从选拔校长到邀请教师，一切都得靠自己摸索。那个夏天，燕红带着我和杨翠，顶着炎炎烈日，为筹备首届项目四处奔走。

令人欣慰的是，那一年，教育扶贫志愿项目“首战”告捷。

项目结束后，燕红一直思考着如何进行后期跟踪和评估，但发现很难找到合适的方式，这慢慢成了她的一种心理负担。她时常自责，总觉得自己作为全职公益人，能力还不够。于是，从最初一种“救世主”的浮躁心态落入自我质疑中。

许多朋友开导她：“这仅仅是一份公益工作，何必让自己那么累！”对此，燕红总莞尔一笑，继续苛求自己把事情做到更好，以至于在做项目过程中，她常发出“又被自己感动了”的感慨。

每年项目启动时都会有一场破冰活动，燕红常会讲这样一则“小鱼的故事”：那是暴风雨过后的一个清晨，沙滩上许多被暴风雨卷上岸的小鱼被困在浅水洼里，一个小男孩不停地拾起水洼里的小鱼，用力地把它们扔回海里，人们都问他说：“孩子，这水洼里的小鱼有几百条几千条，你救不过来的。”“我知道。”小孩子头也不抬地回答。“那你为什么还要扔？谁在乎呢？”小孩边扔小鱼边回答：“这条小鱼在乎……”

我们深知，燕红是想用这个故事告诉校长们，中国有上万名中小学校长，而项目每年只培训十几名，十年才一百多名……纵然无法改变整个中国，但如果每位参加过项目的校长都能被改变，然后推己及人，终将汇成一股强大的影响力。

每次讲完这个故事，她总会哽咽。

如今，燕红已淡出公益圈。但对她而言，那段公益过往早已沉入内心最深处。正像她所说，公益是一种人生态度，是帮助我们亲近自己和他人心灵的一条路，走上这条路的人，是最有福气的。

2010 年暑期，志愿者陈燕红（前排右一）带着校长们参观中国科技馆

我们经常这样召开“国际会议”

2016年1月17日，下午2：50，远在四川的志愿者郑静正守在电脑前，忙着用网络连线其他志愿者。再过10分钟，一场横跨比利时布鲁塞尔、北京、四川德阳的“国际会议”将要拉开序幕。

下午3：00，会议准时开始。大家都已进入SKYPE聊天群，会议组织者杨翠张罗着点名。

“付老师在吗?”

“我在，我在。”

“晓波在吗?”

“我也在。”

……

挨个点名确认完毕，正当付敬要郑重宣布会议开始时——

“郑静好像掉线了。”

“哦，郑静上来了。”

“彭杨又不见了。”

……

20 分钟后，会议重启。

“付老师，听得见吗？”

“丽婕，听得见吗？”

……

效果不佳，会议阵地只好转移到 QQ 语音聊天群。

“晓波在吗？”

“我在。”

“丽婕在吗？”

“我在。”

“付老师好像没出现。”

……

35 分钟后，会议才正式开始。如同一场游击战，志愿者们在“阵地”的频繁切换间体味着公益之旅的别样滋味。

第二天晚上，海外学子支教项目启动会召开。主会场设在志愿者彭晓波、郑静、彭杨所在的四川德阳，分会场在北京、布鲁塞尔。

“欧洲、欧洲，四川呼叫——”这次网络会议同样在寻人声中开始。

……

回望这些年，对散落于世界各地的志愿者们来说，除了偶尔的碰头会议，借助网络开会已成常态，而且是一种很重要的工作方式。

散落四方的志愿者，正是被这张无形的网紧紧地牵系在一起。记得十多年前刚参加项目那会儿，大多数人家中还没有安装网络，于是志愿者常去附近的一家网吧参加网络会议。

这家网吧开设在一座白色旧楼的 3 层。走到里面，气味复杂，众声喧嚣，志愿者只好走进一个小隔间，寻得最后一片宁静。

那几年，志愿者每开一次视频会议，基本就要去一次网吧。后来，那家网吧关闭了，只好另寻他处。

如今，志愿者们经常在微信群里召开网络会议。因工作较忙，我已很少参加。但遥想曾经的“国际会议”情景，不禁感慨万千。

当然，网络会议之外，也会开线下会议。我至今仍记得，2010 年第一届项目酝酿阶段，我们几位志愿者常在中国日报社后面一家名为“雕刻时光”的咖啡馆碰面，品一杯清新的柠檬水，讨论项目进展的种种细节。

后来，线下会议大多选在鼓楼大街地铁站附近的依云咖啡馆。开完会，一般直接在咖啡馆用餐。有一次，我点了一份回锅肉套餐，味道甚美。后来，伙伴们纷纷效仿，有一回参会的 4 个人竟点了 4 份回锅肉套餐……一时被传为笑谈。

打虎亲兄弟，公益“父女兵”

一直想写这对父女，总是不知从何处起笔。关于他们的故事太多，一则小文似乎难以承载其善举之重。

首先还是从这位父亲说起吧。他叫“彭先成”，是一位民营企业家。他一手创办的企业四川德赛尔化工实业有限公司，如今已成为皮革行业中的杰出代表。

彭先成是教育扶贫志愿项目发起人付敬的挚友。从项目发起，他便投身其中，成为十多年来最稳定的“捐方”。他的女儿彭晓波也在四川工作，曾多次担任海外学子支教项目协调人。

项目结业典礼上，志愿者们为彭先成先生精心准备了生日蛋糕

一人出资，一人献智，父女联手“驰援”，十年如一日。

上次见彭总（我们对彭先成先生的称呼），是2018年冬。教育扶贫志愿项目召开顾问委员会2018—2019

财年年会，他专程从四川赶来。每一次相见，他都亲切依旧，用一口略显浓郁的“川普”[1] 向志愿者们逐一问好。

记得有一年，在教育扶贫志愿项目结业典礼上，灯光突然暗下来，一位志愿者捧着一个蛋糕上了主席台。在闪烁的烛光中，当所有人唱起《生日快乐歌》并将目光投向彭先成时，他从惊讶中醒来，一时眼含热泪。

那一天，是彭总 50 岁生日。16 位来自山区的优秀校长以及数十位志愿者与他一同度过这个生日。每年的教育扶贫志愿项目结业典礼，彭总只要有时间就一定过来，如果实在难以抽身，就委派公司管理层代行。而他本人只要能来京，就一定会捧场典礼之后的“散伙饭”。

面对这份真诚的生日祝福，彭先成先生感动不已

有一年，项目的毕业聚餐赶上暴雨。瓢泼大雨中，彭总也

① 编者注：“川普”指带四川口音的普通话。

挽起裤腿，蹚着接近膝盖的积水，与大伙儿一起缓步走到吃饭的地方。

雨声将离别之夜的气氛烘托得更为浓烈。有的校长唱起家乡的歌，还有的跳起家乡的舞，彭总融入他们当中，以酒话别，深情交心。此时，旁人已辨不清他到底是企业家还是校长。

这么多年，每逢项目重大会议，彭总只要在场，就必会强调一点：教育扶贫志愿项目必须守住定位，一定要从教育资源贫瘠的地方选拔校长。因为如果这一点丢了，项目的魂就没了。

一个人的言与行，源于他生命的底色。凭着对山区教育的某种特殊情愫，彭总以一颗赤子之心，将善的种子撒向最渴求爱的角落。

如同其父，晓波伴随项目也已十余年。

支教活动课间，彭晓波（后排左四）和孩子们在一起

最初做志愿者的时候，她还远在英国留学，学成归来，仍与项目相伴成长。每一届海外学子支教项目举办时，从招募志愿者、遴选学校，到制作教材、进行教学培训，再到项目运作，作为总协调人的晓波总是全过程无缝隙守护。即使有时因工作原因不能赴项目一线指导，她也会时刻关注项目进展。

每一届海外学子支教项目结束后，当大家为成果鼓舞与欢呼时，晓波则开始思考这届项目的不足之处。在项目总结会上，她会直言问题所在，并开始谋划下一年如何做到更好。

2018 年海外学子支教项目启动那天，晓波带队重返该项目的发源地——红白小学。在路上，晓波发了条微博，并配了一张 8 年前的支教照片。没过一会儿，她收到这样一则留言：“虽然照片里完美地错过了自己，但是还是看到好多小时候的同学，也记得那次的夏令营，不知不觉发现自己已经长大了呀。”原来，留言的这位女生，8 年前曾在红白小学读书。

看到留言，晓波顿时愣住了，那会儿留下的联系方式只有手机号，她是怎么在微博上找到自己的呢？晓波又专门去她的微博看了看，更让人不可思议的是，这个女孩儿正在一所师范学院读书。

这段机缘，让晓波激动了整整一天：“多年以后，这个小女孩走上了教育的道路，多么奇妙！虽然我只是一个教过她 7 天的志愿者老师。然而，时隔 8 年，她竟记得我，还找到了我。”

一个真实的故事，一次真切的改变。晓波说，正因这些，她会不忘初衷。

一个公益项目的生命力，决定它能走多远

2018 年秋，教育扶贫志愿项目 2019 年财年顾问委员会年会在京召开。在讨论环节，志愿者罗丽婕抛出一个概念——“核心竞争力”，这一概念立即引发参会者的热议。

经过一番激烈的思想碰撞，大家一致认为，教育扶贫志愿项目持续 10 年之久，是顽强生命力的体现，这当中蕴藏着“核心竞争力”。

有人发问，教育扶贫志愿项目的核心竞争力到底是什么？

有人说，把山区校长“请进来”与把国内优秀学子“送出去”的双向传输，是项目的核心竞争力。

也有人说，课程设置的四大模块相辅相成，是我们的核心竞争力。

还有人说，完全由志愿者自主运营才是区别于其他公益项目的核心竞争力。

……

我不禁自问，到底是什么让教育扶贫志愿项目能一路走到今天？细细想来，或许源于以下几点。

就校长奖学金项目而言，参与授课的专家学者“阵容”豪华，涵盖政府官员、大学教授、教育专家、心理专家，等等。十余年间，前驻美国大使周文重、清华大学公共管理学院教授王有强、中国科技馆原馆长王渝生、青少年教育专家孙云晓、心理学家金韵蓉、伊拉斯姆斯大学鹿特丹管理学院副院长张颖、中欧论坛创始人高大伟（David Gosset）、国家督学褚宏启等百余位海内外专家学者前来授课，为山区校长送来百余场精神盛宴。有一年，中医专家夏梦老师还走进项目课堂，“支招”山区青少年健康教育。

授课老师群体中既有“老面孔”，也有“新秀”，以老带新，智慧之泉源源不断地涌来。他们与校长们平等对话，传输最前沿的知识、最先进的理念，义务送来“精神食粮”。这些爱心人士的无偿奉献，为校长项目的可持续发展注入无尽精神动力。

校长奖学金项目的核心竞争力主要来自课程内容。历经多年实践，项目课程逐渐涵盖了领导力模块、国际视野模块、幸福校园模块、人文科技模块四大模块。

其一是领导力模块：认知自身及其团队成员的性格与行为特点；领导力风格与情感智慧；引导变革与激励团队成员；战略领导力；决策与有效沟通；领导的艺术。其二是国际视野模块：意见领袖面对面；模拟联合国；海外基础教育创新交流；传播意识与自媒体时代校园特色建设；人文、环境与社会责任。其三是幸福校园模块：学习国际前沿幸福理论、提升幸福意识；

深入研究山区幸福校园指标体系；建设幸福校园。其四是人文科技模块：专家学者分享国学、历史、艺术等内容；博物馆展览、音乐会等文化艺术行程；参观体验高新、前沿科技。四大模块相辅相成，充分考虑课程设计的国际性、前瞻性、实用性。

项目以课堂培训为主，还设置了一些开放性课程，比如，赴清华园与天之骄子促膝长谈，去故宫感受厚重的中华文化，到联合国开发计划署驻华代表处、世界银行北京总部拓展国际化视野。

立足于帮扶山区英语教育的海外学子支教项目，同样拥有核心竞争力。

目前，我国山区英语教育相对落后，孩子们的英语学习方法相对落后，亟须更新学习理念。这一“知识鸿沟”，急需用优质教育资源去填补。基于这一现状，海外学子支教项目精准发力。

海外学子支教项目致力于搭建海内外学子与乡村地区孩子们之间的交流平台，为孩子们幼小的心灵播下爱的种子，用关怀滋养孩子们的心，用知识的魅力引导他们探索外面的世界。项目采用“互联网+”的理念，线上与线下相结合。线下活动以英语为切入口，以志愿者们的所见所闻为载体，用心连接志愿者与偏远地区的孩子们，使孩子们增长见识、开阔眼界。

每一期海外学子支教项目的时间虽不长，但支教团队力求办出特色。他们基于山区英语教育落后的现实，由志愿者团队成立专门的教研组自主编写教材，以“拓宽学生视野，提高英语实战能力”为目标，以兴趣为导向，课程设置有对话活动、话剧改编、练笔拓展等模块，教授孩子们科学快乐的英语学习方法。

值得一提的是，志愿者们还共同编辑了一套教材——《我们的七彩历险记》，即采用国际上受欢迎的小班授课模式，用7天时间分享7个不同的英语经典故事。这一课程内容一经推出，就受到学生们的热烈欢迎。

海外学子支教项目还结合志愿者教师的特长设有写生、绘画、舞蹈、话剧表演等课程，积极引导学生，发挥学生主观能动性，让孩子们既学得好，又学得快乐。

这些支教志愿者来自多所海内外高校，包括英国曼彻斯特大学、英国剑桥大学、比利时鲁汶大学、美国纽约电影学院、四川大学、厦门大学、天津医科大学、内蒙古财经大学、苏州大学等。支教期间，他们与山区孩子朝夕相处，用先进的理念与温暖的关怀将山区孩子与“扁平的世界”紧紧连接在一起。

海外学子支教项目深受当地师生欢迎，每期支教项目开展前，都会收到众多学校的盛情“邀约”。这也正是项目旺盛生命力的生动体现。

在我看来，纯粹而炽热的志愿者精神，也是点燃两大项目生命力的一粒“火种”。

我们可以很自豪地说，运营十余年之久的教育扶贫志愿项目，至今没有一个全职志愿者，完全依靠志愿者贡献业余时间运营，这背后是神圣的使命感与强烈的责任心。两大项目的志愿者呈现高学历特征，他们大多是硕士研究生学历，来自各行各业，有的还是在校大学生。其中，海外学子支教项目主要招募具有国际视野及创新思维的大学生。正是这种多层次、多元化的志愿者队伍结构，让志愿者之间产生了强烈的化学反应，亮出一道别样的志愿风景。

历经重重考验，这支志愿者团队越来越专业，也越来越成熟。他们分工明确、职责清晰，对项目运作的每个环节、每个节点都熟稔于心，每一年都会专门制订《项目全流程操作指南》。不可否认，这是项目的一笔隐形“财富”。

还有其他诸多因素，也是铺砌这条坚实公益路的“基石”。

从捐资角度来讲，项目的捐赠人相对比较稳定，这些年还不断有新力量“加盟”，使得项目的生命得以延续。此外，项目还积累了较为稳定的合作伙伴，包括北京的一些中小学、国家自然科学基金委员会中德科学中心、联合国驻华代表处等，他们与项目建立了合作伙伴关系，为项目持续开展提供了多方面支持。

经此一“议”，一切豁然开朗。一个公益项目的魅力，取决于自身的生命力，而项目的生命力，最终决定它能走多远。

从此，志愿者团队有了“智囊团”

2017 年 5 月 21 日，对教育扶贫志愿项目来说是个特殊的日子。

这天下午，在我们的“革命根据地”——依云咖啡馆，项目顾问委员会正式成立。其职能主要是促进主管单位、捐方及其他合作方与项目执行团队之间的沟通，为项目可持续发展提供精神动能。

如果把教育扶贫志愿项目比作一个成长中的孩子，顾问委员会则是促其更好成长的“智囊团”。得其添力助阵，志愿者团队执行项目时自然会更加从容。

过去这些年，两大项目在发起人的牵引下，主要依靠志愿者们的满腔豪情去运作。虽然两大项目运行顺畅，但专业顾问团队的缺失，无形当中限制、阻碍了项目的专业化发展。

一位公益领域的专家曾这样说，如果一个公益组织只有日常工作团队，没有一个超越日常工作、视野更加宽阔、看问题更加长远和对这个组织的目标更加期待的顾问委员会，它非常容易做着做着就没目标了，或者随着每一任负责人的偏好不断变换目标，严重偏离组织设立时的使命。

其实，发起人之一的付敬曾多次表达建立顾问委员会的想法，而专注于项目运作本身的我们，更多时候只是埋头拉车，忘了抬头望路，因此并没有意识到成立顾问委员会的重要性。

一直以来，付敬老师为项目成长投入的心力最多。这些年，他从容“放手”，给了志愿者很大的执行空间，甚至有几届项目举办时，远在异国他乡工作的他并未归来。他以这种“渐行渐远”的姿态表明：自己虽是项目的发起者之一，但项目属于所有志愿者，项目的可持续发展终究要靠通畅的运行机制与良好的治理结构，以及顾问委员会成员们的专业指导。如此，项目的长远发展才不会取决于某个个体。

冲着这个梦想，付敬老师一直在积极奔走，筹集各路资源，最终促使项目顾问委员会成立。

事实证明，从发起人的“呵护”下走出，把工作模式从“个人英雄主义”转变为顾问委员会治理下的总协调人负责制，治理结构转型的“红利”相当丰厚。

顾问委员会成员的主要职责有三方面：一是听取执行团队关于重大计划、进展和成果的汇报（包括资金的募集、管理和使用），提出意见和建议；二是督导项目执行团队的工作，防控风险，确保项目的顺利开展；三是参与其他重大事宜决策的讨论，提供咨询建议。

半年后的 11 月 26 日，教育扶贫志愿项目首届顾问委员会

2017—2018 财年年会在四川德阳召开。这一天，川渝地区入选过校长奖学金项目的 12 位中小学校长也来了。他们曾在过往岁月里感受到同一种温暖，为了共有的“教育梦”再次集结，如同校友相聚。

此后，“智囊团”闪亮登场。

作为理性而专业的旁观者，他们会从项目整体设计、志愿者培养、校长选拔、课程设计、品牌推广等方面建言献策，为项目的更好发展输送着“原动力”。

那年夏天，我们“失约”了

2016 年 6 月的一个周末，我作为项目志愿者前往安徽萧县杜楼镇中心小学调研，为即将在这里举办的海外学子支教项目做前期信息搜集。

半天的调研结束，即将离开学校时，孩子们纷纷围拢过来：“老师，您暑假会过来吗?”我答道：“因为工作原因可能来不了，但会有其他大哥哥大姐姐们来帮助你们学英语。”

没曾想，这原本必能兑现的一诺，最后竟然落空。

孩子们对知识的渴望，是海外学子支教项目前行的力量

7 月 6 日一早，时任海外学子支教项目协调人的彭晓波接到杜楼镇中心小学校长王海龙的一条短信：“安徽近期出现大规模降雨天气，造成部分地区出现洪涝等地质灾害。安徽省教育厅下发紧急通知，要求即日起全省各地中小学一律放假，停止一切教学活动。”

消息来得突然！此时，距离海外学子支教项目启动仅剩十多天。

安全大于天！面对持续暴雨带来的巨大危险，本着尊重当地教育部门决定的原则，核心志愿者团队经过慎重考虑并征得主管单位同意后，决定取消即将在杜楼镇中心小学开展的支教活动。

此时，心情最郁闷的莫过于已订好车票的支教志愿者们。历经初试、电话面试、授课培训等多个环节的准备后，他们正准备到淮北乡村这片广阔天地“大展拳脚”，没想到却被洪涝阻拦。

我们立即给志愿者们去信，真诚地说明情况并致谢：

可敬的志愿者们，海外学子支教项目自2010年启动以来，第一次遇到这样的突发情况。但是，我们不得不在自然灾害面前低头。是对乡村教育的热爱让我们相遇，又是对洪灾地区孩童的关爱让我们暂别。虽然今夏未能一起站在教育扶贫的最前线，但一颗投身公益的种子已在你们心底发芽。

这些“准支教志愿者”都表示理解。然而，我更牵挂的还是杜楼镇中心小学的孩子们。这个夏天，他们既经受了暴雨洪水的冲刷，又将经历愿望未了的失落。

一个多月前的那个承诺已然无法兑现，孩子们还好吗？之后，新学期的某一天，我给王海龙校长打电话询问学校情况。他说，孩子们都挺好，都很理解，不过确实挺遗憾的。

听到这些话，悬着的心总算落下。眼前浮现出又一幅画面：风雨远去，朗朗读书声从校园传出，飘向那片写满收获与希望的田野。

重返“起点”红白小学

2018 年 7 月 24 日，海外学子支教项目重返“起点”——四川省什邡市红白小学。早在 2010 年，来自海内外的 7 名大学生志愿者就曾来到这所学校，开启首届海外学子支教项目。

当时，汶川大地震已过去 2 年，志愿者们仍尝试着去抚慰灾区孩子们遭遇劫难后的心灵。他们将这次支教活动的主题定义为“七彩英语周”，试图给孩子们的童年记忆增添一些温暖的色彩。

这个满含色彩感的主题一直沿用至今。

2010年，支教志愿者石慧芳与红白小学学生合影留念

忆起 10 年前那次灾难，红白小学校长程世林难掩悲伤。2008 年 5 月 12 日那天，红白小学的教学楼在地震中全部倒

塌，教学设施全部被埋，学生和教师的住房全部倒塌。

这是一场劫难，也是一次新生。

十年后，同样是来自海内外高校的7名青年志愿者，再次走进这所学校，如同一场重返沙场的“阅兵”。

于山区孩子们而言，志愿者们的到来带着一种“新鲜的味道”。一位小男生悄悄对志愿者郑一玮说：“老师，你们来的前一晚，我兴奋得几乎一夜没睡。”

听到这句话，曾在国外小学当过助教的郑一玮甚是欣慰。她曾对比过国外孩子和中国孩子的表达方式。在国外，对老师的“喜欢”或“不喜欢”，孩子们会直接说出来。而在中国，孩子们的表达方式相对比较含蓄，喜欢某位老师时，他们会悄悄做些千纸鹤、爱心卡等小礼物送给老师。

对孩子们来说，志愿者给他们干涸的精神世界送来了久违的甘露。而常年漂泊海外的留学生，又何尝未从这里收获暖暖的归属感？

支教期间，志愿者胡洛菲碰巧迎来自己的生日。学生们得知后，送给她一个小本子，有的孩子在第一页认真地写道：“洛洛老师的生日是7月26日，只希望多年后她再翻这个本子的时候，还记得曾教给过我们很多有用的东西。”

那晚开班会的时候，教室里的灯光突然熄灭。孩子们端着蛋糕走进来的那一刻，胡洛菲泪崩了。

从来到红白小学那天起，每一天总有那么一个时刻，让志愿者郑一玮心里暖暖的。班里有位非常安静的小女孩，不善言辞，但总用一双大眼睛望着郑一玮。

有一天吃午饭时，一玮没找到餐巾纸，这个小细节被她捕捉到了。第二天，一玮收到一份自制的小礼物——一盒小抽纸。这盒小抽纸简单却精美，看得出来，那位小女孩是下了功夫的，至少得用半小时来完成制作。

后来，回想起那一幕，郑一玮在心里对自己说，虽然人生会有无数个半小时，但在那半小时，那位小女孩的心里肯定满满都是我……

这些“益”友们，每个人都值得被铭记

时常感慨，十多年前的同学、朋友，如今许多已杳无音讯，但公益路上结识的这些“益”友们，因为项目牵系倒是能常聚在一起，在同一条公益轨道上一路同行。

教育扶贫志愿项目十周年之际，志愿者代表团聚

如果将公益圈子比作一个“江湖”，那志愿者们就是这个江湖的热血“儿女”。江湖故事多，且听我慢慢道来。

关于付敬老师，无须多言，前面已多处提及。他堪称教育扶贫志愿项目的“灵魂人物”。这些年，记不清他多少次在项目遭遇困境时“挺身而出”、扭转“乾坤”。2013 年至 2018 年，由于付老师当时远在比利时工作，只能在工作之余远程指挥，即便如此，两大旗舰项目依旧运行顺畅，这足以见其能量之强大。

为了给项目筹集资源，他经常四处奔走“化缘”，凭借当时从事新闻工作的职业优势，常常把采访对象发展成项目贡献者。比如，有的成为捐方，有的成为讲师，还有的成为志愿者……

元老级志愿者陈燕红，在项目起步之初带着我和杨翠摸爬滚打，一同品味公益之行的喜悦与酸涩。后来，项目运作日渐成熟，她从公益圈隐去，回归家庭。如今，静守内心的那份安宁。

十多年前，我在京读研究生时，因为项目认识了杨翠，那时她也正读研究生。毕业后，大家都各自成家立业，在人生路上奔跑忙碌着，但彼此的情谊并未消散……项目起步那些年，杨翠主要负责协调校长项目的执行环节，责任心强的她总能考虑到每个细节，这也为后来《项目全流程操作指南》的成型打下坚实基础。

多年前，罗丽婕在北京新航道做培训讲师的时候，成为项目志愿者，后来去了巴黎 HEC 商学院工作，仍持续贡献着智慧。再后来，她结婚成家去了安徽芜湖，但并没有淡出“江湖”。每逢重要活动，她都会回来出力献策。最关键的一点是，她还“转身”成为项目捐方。换句话说，她拥有了双重身份——志愿者和捐方。我们常开玩笑说，希望像丽婕这样的志愿者再多一些。如今，她担任芜湖市持明慈善基金会秘书长，同时也是教育扶贫志愿项目顾问委员会成员。

2015 年，校长奖学金项目课程引入模拟联合国大会活动，当时在外交学院读书的何娟携其同学前来“助阵”，她因此与项目结缘。如今，她在新华社工作，利用业余时间帮着项目做些传播工作，有一段时间还担任传播团队协调人。凭借自身的专业优势，她常给项目传播带来一些新的理念。

彭晓波在英国留学时就是项目志愿者，学成归来，仍与项目相伴相随。早些年，晓波一直担任海外学子支教项目总协调人。无论海外学子支教项目在哪里举办，远在四川工作的晓波都会带着她的支教团队成员郑静、彭杨等人远程助力，守望着支教地的志愿者与孩子们。

远在法国攻读工商管理硕士的志愿者刘小涵，2018 年结缘教育扶贫志愿项目，之后连续两年担任海外学子支教项目协调人，并在 2020 年成为教育扶贫志愿项目执行团队负责人，带领项目向着更加专业化、国际化的方向发展。2019 年夏，小涵参与了在河北省邯郸市涉县鹿头中学举办的支教活动。活动结束后，她专门在英国 One Young World（一个年轻的世界）公益平台上发表文章《小小鼓励，可以改变一个孩子》，讲述志愿者与孩子们11天交往的感人点滴，引发了国际教育界对中国山区教育的关注。

志愿者陈红玲，从师范生到教育工作者，从传播团队到校长团队，凭借一腔热忱，哪里需要就出现在哪里。志愿者李御智凭借出色的文笔、摄影技术及设计水平，助力项目推出多款传播产品。志愿者石琪琪读大学时成为项目志愿者，毕业后去了摩洛哥工作，虽相隔万里，有时仍帮忙做项目网站的编辑工作……

此外，有很多大学生志愿者，每年将珍贵的暑期时光贡献出来。还有太多太多的人，这里不再一一讲述。这样一批有善念、有行动的志愿者，他们的每一份付出都值得被铭记。

耕耘总有收获。一位来自陕北的校长这样评价项目志愿者：“在北京培训的那段时光，每天学习生活时，身后的年轻志愿者总在默默陪伴我们。他们大多还是学生，和我们有些校长的子女年龄差不多。无法用言语表达对这些孩子的敬意，希望我的孩子将来也能像他们一样做公益志愿者！”

第三篇

且行且忧思

如同一场精神的漫旅。
路过坎途，
遭遇未知，
直面困惑，
但还是走下来了。
走在寂寥无边的旷野上，
支撑我们的，
除了公益主义理想，
还有对远方的深思。

教育领域更需“精准扶贫”

每届海外学子支教项目筹备时，我们都会自问一个很现实的问题：“这一届所选的支教点，是最需要帮助的学校吗?”因为，如果这所学校教育资源丰富，支教资源就等于放错了地方。

这就涉及一个很现实的社会问题，即教育领域的“精准扶贫”。其实，这也是一个从悠远时空走来的历史命题。

历史上，荒凉落后的文化名城潮州就是精准扶贫的样板。相传，在韩愈之前，潮州只有 3 名进士，韩愈任潮州刺史后，花大力气兴办乡校：知州学停办，已经有 100 多年没有人赴京考取功名，他大胆启用潮州英才赵德主持教育工作；办学缺资金，他把自己 8 个多月的俸禄捐出来“以给学生厨馔”……韩愈的兴学，滋润了潮州人的群体性格，使潮州形成一种深厚的文化底蕴。到南宋时，登第进士达 172 名，潮州也因此赢得“海滨邹鲁”的美誉。

以史鉴今，行在当下。党的十八大以来，党和国家制定了与教育脱贫攻坚相关的一系列目标与任务，明确了教育扶贫的主攻阵地。2015 年发布的《中共中央 国务院关于打赢脱贫攻坚战的决定》提出“着力加强教育脱贫”。2016年，教育部、国家发展改革委、国务院扶贫办等六部门联合印发《教育脱贫攻坚“十三五”规划》，把精准扶贫、精准脱贫作为基本方略，精确瞄准教育最薄弱领域和最贫困群体，旨在实现“人人有学上、个个有技能、家家有希望、县县有帮扶”。2017年，国务院印发《国家教育事业发展“十三五”规划》，明确要求“打赢教育脱贫攻坚战”。2018年，《中共中央国务院关于打赢脱贫攻坚战三年行动的指导意见》印发，计划通过发展教育脱贫一批贫困人口，切实解决义务教育学生因贫失学辍学问题；同年，教育部、国务院扶贫办印发《深度贫困地区教育脱贫攻坚实施方案（2018—2020年）》，提出到2020年实现“三区三州”等深度贫困地区建档立卡贫困人口教育基本公共服务全覆盖。2019年，中共中央、国务院印发的《中国教育现代化2035》把推进教育精准脱贫作为实现基本公共教育服务均等化的重要保障。2019年10月，党的十九届四中全会发布的公报也指出要“坚决打赢脱贫攻坚战”，等等。可以说，我国教育脱贫在制度设计和政策建设等方面，从全局、历史、战略、实践的角度做了大量有益探索，为决胜教育脱贫攻坚开辟出一条有效路径。

脱贫之策，根本在于发展教育。

只有让贫困人口子女接受良好的基础教育，才能切断贫困的代际传递，这是一种普遍性的规律。然而，真正要将这种理念嵌入具体的社会环境当中，面临的现实情况却错综复杂。因此，只有立足实际、精准施策、对症下药，教育扶贫才能真正落地见效。

孩子们专注的眼神中，满含着对未来的希望

当然，“精准扶贫”还有一个重要前提，即当地教育工作者“扶得起”。因为只有“精准输血”与“精准造血”有机协同，才能形成改变山区教育面貌的最大合力。

当前，教育扶贫已取得显著成效，各地学校在物质层面大多早已脱贫，但精神层面的教育理念滞后、师资结构不完善、学生心理辅导教育匮乏等问题仍是农村教育短板。而教育扶贫志愿项目正好致力于为山区校长提供“软实力”帮扶。

一直以来，教育扶贫志愿项目的目标、定位都很清晰。每届校长奖学金项目都努力选拔那些致力于改变乡村教育现状的有为校长，并给这些校长提供培训机会，从而为中国乡村培养出具有国际视野和创新意识的教育家、行动者。同样，每届海外学子支教项目都竭力寻找那些虽英语教育资源匮乏但又与落后面貌努力抗争的学校，进而将优质的支教资源输送过去。

放眼神州大地，经过几代人接续奋斗，我国脱贫攻坚战取得了全面胜利，创造了又一个彪炳史册的人间奇迹！千百万贫困家庭的孩子享受到更公平的教育机会，孩子们告别了天天跋山涉水上学，实现了住学校、吃食堂。

征途漫漫，唯有奋斗。在教育精准扶贫这条路上，我们将一如始初。

财富的归处：但问耕耘，莫问收获

一位热心公益的朋友曾送我一本书《财富的归宿——美国现代公益基金会述评》，有次翻阅时不禁心生一问：财富到底应归于何处？作为教育扶贫志愿项目的志愿者，这些年见证了许多爱心企业家的义举，感动之余，对“财富的归宿”这一问题常有所思。

安德鲁·卡耐基在19世纪末发表的《财富的福音》一文中曾言，“拥巨富而死者以耻辱终”。迄今为止，使用剩余财富的方式主要有三种：传给家族和子孙；捐给公共事业；由财富的主人在身前妥善处理。第一种最不可取，于家于国都不利。第二种方式太遥远，而且留下的财富并不一定能按捐赠者的意图使用。第三种就是把富人的巨额剩余财富在其生前通过适当的运作应用于造福公众的事业。

毫无疑问，第三种方式是最理性的选择，也是基金会诞生的源起。据统计，教育是绝大部分基金会的首选领域。

1993年，卡耐基基金会会长汉堡曾说：“从长远看，任何一个社会的活力和远景都有赖于其人民的素质、知识、技能、健康和精力以及人际关系的文明程度——如果我们有足够的远见和胆识向我们的儿童，也就是向人类的未来投入责任，那么我们就能使这些宝贵年华所孕育的希望变成现实。”

我所参与的公益项目正是聚焦教育领域。更幸运的是，有许多爱心企业、社会人士也将爱的种子撒向这一领域。

这些年，在中国民促会的规范管理下，美国龙安集团、四川德赛尔化工实业有限公司、芜湖市持明慈善基金会、中德科学中心、美光科技、芜湖佳宏新材料股份有限公司、厦门中游投资有限公司、布鲁塞尔金源集团、约翰威立商务服务（北京）有限公司、爱立信（中国）通信有限公司、新世界出版社、北京怡和嘉业医疗科技股份有限公司总经理许坚、中国日报资深评论员黄向阳等捐方给项目或捐资，或捐物，或提供场地，以各种方式输送过“养分”。正是得益于此，项目才能如一株幼苗不断向上蓬勃生长。

但问耕耘，不图名利。教育扶贫志愿项目的捐方基本从不干预项目具体运营和决策，只是以旁观者角度在必要时建言献策。正如《有效资助能力建设手册》提出的一个观点，受助方由于有资金需求，因而经常处于资助关系中相对弱势的一方，可能会做出更多迎合。为最小化权力关系对资助工作的影响，资助方需时刻意识到权力关系的存在和资助方的影响力。这方面，我们需要向捐方致敬，感谢他们为项目成长创造的健康环境。

来自青藏高原的校长，向捐方、授课老师敬献哈达

对教育扶贫志愿项目而言，财富不仅仅意味着所获的捐助资金。授课老师的无穷智慧、志愿者的宝贵时光等都是弥足珍贵的财富。尤其是那些可敬的专家学者，趁着暑期走进项目课堂，给校长们送来“精神食粮”。对一批又一批来自大山深处的校长而言，这更是令其一生受益无尽的精神财富。

把机会留给最需要的人

一个人走得远了，若不回望，很容易忘记来路。同样，一个公益项目举办的届数多了，如不驻足凝思，也容易忘了项目发起的初衷。

不经意间总会想，教育扶贫志愿项目的初心究竟是什么？

“扶贫先扶智，扶贫必扶志。”教育具有阻隔贫困代际传递的功能。通常情况下，我们认为贫困地区受教育程度低是致贫的重要原因，强调受教育程度低与贫困之间互相强化的关系，依此思路可将提高贫困地区的受教育程度作为帮助人们摆脱贫困的重要手段。

我国开始实施精准扶贫之后，一直在倡导教育扶贫，以真正激发贫困人口脱贫的“智”和“志”。教育扶贫志愿项目正是基于这一“逻辑起点”，乘势而行。

2017 年 10 月，党的十九大报告提出，要坚决打好防范化解重大风险、精准脱贫、污染防治的攻坚战，使全面建成小康社会得到人民认可、经得起历史检验。其中，脱贫攻坚既要扶智也要扶志，既要输血更要造血，建立造血机制，增强致富内生动力，防止返贫。而教育扶贫是精准脱贫攻坚战中的重要一役。

从某种程度上讲，教育扶贫志愿项目致力于在中国贫瘠之地力克“教育之贫”，这与国家的脱贫攻坚政策非常吻合。我们的信心与底气也正源于此。

一路走来，外界纷纷扰扰很容易让人乱了本心。对项目而言，也是如此。每年选拔优秀校长时，一些履历亮眼的校长，总是格外引人瞩目。他们大多来自相对发达地区，受教育程度较高，教育成果喜人。相比之下，一些来自山区的校长就显得黯淡无光。

此时，志愿者团队总会严守一条基本原则：入选校长必须来自教育资源贫瘠之地，绝不可择“优”而取。

试想一下，这个“阀门”一旦打开，选拔标准变为不管是富庶之地，还是贫瘠之乡，每一位校长皆可来，那项目的定位尽失，还有何特色而言？志愿者们心里也都清楚，这个条件一旦把不住，就意味着项目丢掉了“初心”。

这么多年，项目一直小心翼翼呵护这份“初心”。

我们深知，教育资源富集地区的学校易取得优秀教学成绩，社会关注度往往较高，资源也会源源不断流入，因此当地的校长并不缺少机会。但穷困地区则不同，校长们的培训机会极其有限，有的过了大半生还没去过大城市，能有机会到首都北京走一趟或许是一生的梦。

至今，还记得一位山区校长在项目结业典礼上的深情告别：“从未想过，此生能来北京学习。带着对项目的无限感恩，我将回到乡村，回到学校。我们一定会像一颗颗小小的星星，虽然微小，但也能给乡村孩子们带去光明和希望，指引他们走向更加美好的未来。”

在科技馆参观时，智能机器人激起了校长们极大的兴趣

这些肺腑之言让我们更加坚信，只有把机会留给最需要的人，机会才是机会。而最需要机会的人得到机会后，他们会更懂得珍惜。

开阔眼界绝非初衷，学以致用才是目的

常有人说，“中国山区优秀校长国际领导力奖学金项目”这个名字，听上去甚是高端大气上档次，应进入公益项目中的“高富帅”行列。

不驰于空想，不骛于虚声。每一届校长奖学金项目都是干货满满，我们会尽心筹备一桌满汉全席一样的“精神大宴”。这些年，为了更突出“国际领导力”，课程中渐渐有了参观世界银行北京代表处、远程英语课程、模拟联合国活动、中欧对话及领导力工坊等颇具国际范儿的课程。

2014 年 8 月的一天，第五届校长奖学金项目结束后，我与关注校长项目的一位好友交谈。聊到校长奖学金项目的课程设置，他犀利发问，校长们好不容易进京一趟，你们到底能让他们带回些什么？

一番话语，点到心灵的“刀刃”上。是啊，校长们大老远过来，如何让他们不虚此行？在课程设置上，项目到底该走哪条路线，究竟是“讲求实用”，还是“阳春白雪”？我们培训校长的目的是什么，难道只是让他们开阔眼界？

此时，我想起一句话："不要因为走得太远，忘了自己为什么出发。"我们也应时刻记着，选拔一批批优秀校长，绝不是让他们来首都旅游观光的，终极目标在于让其带着疑惑来，载着答案归，回乡后能有所变——改变自己、改变教师、改变学生、改变校园。

几经研讨，志愿者团队一致认为：开阔眼界不是初衷，学以致用才是目的。只有做足需求调研，做实前期准备，才能为进京培训的校长送去他们真正所需的精神盛宴。

每年设置课程前，志原者团队都会征求专家学者的专业意见。比如，时任中德科学中心常务副主任的陈乐生就曾"献计"：国学课程选题不宜太大，形式要灵活；以气候变化为辩题的"模拟联合国"环节，可邀请了解情况的国家气候中心资深研究人员参与，等等。同时，我们也越来越注重校长们的个性化需求，在招募申请表中专门设置"所需课程"一项，提前了解校长们的多元化诉求。

课程结束后，志愿者们会开展后期追踪。比如，通过校长反馈的意见了解这届课程的亮点及不足，同时，让现场的执行志愿者评选优质课程，以便来年继续将其纳入项目课程库。

这些年，课程设置越来越突出实用性。比如，"学生核心素养及其培育""好习惯成就幸福人生""信息化教育如何帮助农村学生""减压管理和潜能开发""少数民族文化保护与传承"等。这些课程涵盖教育学、管理学、儿童心理学、艺术文化等领域，极具启发性和针对性，因此深受校长好评。

从某种程度上说，校长奖学金项目的本质在于“学以致用”。不实用的课程终究只是过眼云烟，不实用的活动终究是走马观花。我们始终相信，只有能烙进灵魂深处的知识与理念，才闪耀着智慧的光芒，影响也最为久远。

当然，无论项目课程多么精彩，能否取得最佳效果在很大程度上也是取决于校长们的心态和参与度。我们一直呼吁校长们在项目执行期间扮演好两种角色：暑期“学生”和优秀校长。作为“学生”，需要静下心来，利用难得的培训机会，像平时被要求的学生那样参与到各个模块的学习之中。同时，培训课程的设计对校长们的参与和互动提出了很高要求，作为从同行中脱颖而出的优秀校长，他们有丰富的理论知识和实践经验可以分享，因此，也能扮演好优秀校长这一角色。

优质课程内容的背后是优秀师资。每年校长奖学金项目启动前，我们都会全力搜寻各路专家资源。这些年总体顺利，但也偶有惊险。

这里讲一个“小插曲”。2014 届校长奖学金项目课程设置阶段，还缺一位老师。于是，我力荐人民日报海外版的高级编辑齐欣老师，我曾在读研期间跟着他实习过一段时间，对这位专家型记者的个人魅力与社会担当印象颇为深刻。

最初和齐老师约定，8 月 1 日晚他前来授课，主讲“非物质文化遗产的保护”。他表示会尽力，希望没有意外情况。

7 月 30 日晚，齐老师发来信息，在青海骑行途中摔了下来，脚崴了，医生说痊愈需要俩月。我回信说，您安心休养，我们临时再找一位老师顶上去。但他坚持说不会影响来上课。

8 月 1 日中午时分，齐老师拄着拐来了。他放弃卧床休养，只因一个关乎公益的承诺。

十余年间，像齐欣老师这样的“公益讲师”有近百位，他们给山区校长们带来百余场精神盛宴。他们的名字，同样值得被一一记住。

知识的力量是抽象而无穷的，对校长们的影响却是深刻且具体的。参加完 2019 年校长奖学金项目，来自陕西的燃灯寺小学校长冯海燕感慨地说：“一场场精神的盛宴、心灵的洗礼，各位老师从不同视角带我们看世界、看教育，让我们在拓宽视野的同时，又重新认识了自我，重新认识了教育的本质，真正体会到什么才是乡村教育家的‘国际领导力’。”

来自河南的王二保小学校长李志磊，也曾写下深情感言：“从伴着朝阳步入教室专注学习，到与各路专家大咖激荡思想；从清华园滋润心田的洗礼之雨，到故宫博物院厚重的历史文化……八天时间里，我们对国际化人才培养、学生核心素养提升、心理健康管理有了全新认识，打开了一扇通往世界的心窗。返校后，我要做三件事：搞一期培训，做一个规划，开一个实验班。”

最渴望家庭教育“回归”的是乡村

2016 年初夏，我赴安徽调研海外学子支教项目筹备进展，借机拜访曾入选校长奖学金项目的 4 位校长。

虽说每年都会与十多位乡村校长有接触，但说真的，对他们似乎又很陌生，因为不了解他们的过往，很难走进他们的心。甚至常有这样一种感受，距离校长群体是那么近，又那么远。

或许，只有置身其家乡，在其生存的真实环境中去观察、思考，才能真正了解这个群体的所行所思。无疑，我是幸运的，能有机会来到这片他们深耕于此的土地。

一路观望，更加坚信他们是乡村教育最后的“守望者”。在当地的学校，教师老龄化现象十分严重，年轻老师很少，师资年龄结构出现断层。听校长们说，虽然学校每年都会招一些新毕业的大学生，但过不了两年，这些板凳还没坐热的年轻老师，大多会通过考编、调动等方式离开这个暂时的“踏板”，步入城里的学校。

据了解，基层教师招考时，重点院校毕业生人数较少、比例偏小。大多数重点院校毕业生对自己职业前途和未来的要求高，如果进入基层，心不甘情不愿，很难在基层学校扎下根来。从市场资源配置的角度来看，优质资源的稀缺性，也决定着他们必然是向着繁华都市流动。

在乡村学校师资接替资源不足的背景之下，一些年过五旬的退休老师，甚至会重返校园“驰援”。

打开话匣后，王坚校长说出憋在心中已久的“秘密”。原来，上级教育部门也一直想调他走，他纠结了许久，最终还是选择守着村里的这个教学点，并立誓坚持到退休。

触动之余，我不禁在想：“像他这样的校长还有多少？如果有一天，这个群体中愿意坚守的人越来越少，乡村教育该何去何从?”

走在当地的村子里，最明显的一个感受是，楼房建得越来越漂亮，人却越来越少。几乎看不到年轻人，随处可见的，大多是留守的老人和孩子。

当地的就业机会并不多，年轻人大多外出打工挣钱，留守儿童多由祖辈照顾，父母监护教育的角色无疑是缺失的。在这种“隔代家庭教育”模式下，父母对孩子教育的所有关心与希望全部寄托在学校身上。

作为学校“掌门人”，校长们深知肩上所扛的分量有多重。教师们更是期望父母能多一些配合与支持，然而，每当遇到突发状况，需要与孩子父母打电话沟通时，似乎很难联系上千里之外的家长。

遥想 20 世纪 90 年代，我在家乡读小学时，父母以耕种为主，农闲时也只是就近做点小生意，基本每天都能见上面。在那种教育模式中，家长、孩子、学校三方织成一张严密的网，校长基本处于中心位置，架起学校教育和家庭教育之间的桥梁。而今，当父母们为了生活远离家乡，校长行走在老人与孩子之间，体验到的该是怎样一种孤独?

这种面对家庭教育缺失的无力感，或许正是全社会需要去关注的。

时隔二十年，再当一回“小学生”

2016 年初夏的一个午后，我走进安徽萧县杜楼镇中心小学五年级教室。这所学校被选为 2016 年海外学子支教项目的支教点，我过来做前期调研。

2013 年，杜楼镇中心小学校长王海龙曾进京参加第四届中国山区优秀校长国际领导力奖学金项目，返乡后，他对我们的另一个项目——海外学子支教项目也很是关注，连续两年申请，最终梦圆。

依照惯例，每届海外学子支教项目开始前，我们都要到学校开展前期调研，摸底学校的英语教学情况与学生们的英文水平，以便拿出更有针对性的英语教学方案。当时，海外学子支教项目时任协调人彭晓波因工作原因，难以抽身前往，就将此任务委托于我。

下午 2：00，40 多个学生都已坐下，等待着一堂既期待又畏惧的英语课。我在教室后面找了个空位安静地坐下，但突然而至的“大块头”还是引来孩子们疑惑的眼神。

自从小学毕业，我再没踏进小学课堂半步。如今小学的课程究竟是怎么上的，自己同样不甚了解。来不及感慨，必须迅速进入状态：做一个聚精会神的“小学生”。

进教室前，王校长告诉我，听说从北京过来的志愿者要听课，英语老师们一个比一个紧张，都不愿讲这堂课。学校有 4 位英语老师，但全是兼职代课，他们的主课是数学、语文，有的甚至压根连英语都没咋学过。

这堂课的主题是“春、夏、秋、冬”。4 个单词，撑满整整 45 分钟。老师们一遍遍地教发音，学生们跟着反复念，其间穿插着问答，但孩子们读起单词来有些吃力。

当“奥特姆”（Autumn：秋天）的发音回荡在耳边时，我心里干着急，但也只能静静观察，帮不上半点儿忙。

在这堂英语课上，老师正借助多媒体设备授课

下课后，孩子们纷纷围过来。我问大家，咱们可以用英语聊天吗？大家都腼腆地摇头。

我又问，谁能说一句英语？孩子们还是有些难为情。

我很诧异。因为刚上课时，老师还带着大家反复练习对话“How old are you?”（“你几岁了？”）“Ten。”（“10 岁。”）

返乡后的 3 年，王校长修新路、砌花园，在学校硬件设施提升上下足功夫，但面对英语教育的现实窘境，他有些无可奈何。于是，他把海外学子支教项目当作一根“救命稻草”，虽知只有短短 10 天，但也盼着孩子们在项目结束后敢张张嘴，随口说上一句“How are you?”（“你好吗？”）

离开教室前，我深情说道：“小朋友们，叔叔要走了，希望你们好好学习，以后考上好大学。”面对一张张纯真的面孔，很努力地抑制情感，担心有些话说得太煽情，会在他们内心深处掀起波澜。那是我最不愿看到的。

孩子们似有不舍地问：“老师，暑假你还会来吗？”

我摇摇头说：“应该是不来了，不过有许多英语很棒的哥哥姐姐们会来教你们学英语。”

说完，很快出了教室，往楼下走去。几个孩子尾随而出，趴在围栏处张望。我回头冲他们笑了笑，匆匆远去。

那个以校为“家”的孩子，如今还好吗？

2021 年“两会”期间，我偶然间看到一则新闻：经过 2000 多个日夜的攻坚冲刺，云南省昭通市 180 多万农村贫困人口全部脱贫，1000 多个贫困村全部出列，10 个贫困县全部摘帽……

在我国脱贫攻坚战的版图上，昭通绝对是个不能忽略的地方。首先它位于国家的西南边陲，其次是少数民族聚居地，再者这个地方原本就是特别贫困的乌蒙山区。它曾是全国贫困人口最多、贫困程度最深、脱贫任务最重、攻坚压力最大的地级市。而今，千百年来困扰这里的绝对贫困问题已变成历史记忆。

关乎这样一座城的这样一则新闻，瞬间拨动心弦，让我想起那里的一个孩子。

那是 2011 年秋，我赴云南出差，路过昭通市彝良县洛泽河镇太坪小学。作为教育扶贫志愿项目志愿者，或许是出于某种“职业敏感”，对山区学校的一草一木总是格外关注。

走在校园，不经意间看到一个孩子蹲在土丘上，安静地翻着一本略显破旧的书。午后阳光正好，一切显得那般和谐。

不忍心打扰他，与正在翻修学校围墙的老师们聊了聊，慢慢知晓了这个孩子的苦涩过往。

他叫卓玛（化名），那年15岁，在镇里读初二。他是个以校为“家”的孩子。5岁那年，父亲病逝，之后母亲改嫁到大山更深处。不到2岁的妹妹，被村里一户好心的人家收养。

初遇卓玛时，他正蹲在土丘上看书

这个孩子，如同一片风中落叶，飘在山间。

卓玛所在的彝良县洛泽河镇，位于云南、贵州、四川三省结合部的乌蒙山区，山高坡陡，沟壑纵横。这里的人大多靠天吃饭，人均收入很低。虽然穷，但太平村几十户村民最终一咬牙：一起凑钱，供这个苦命的娃儿读书。

村里的太坪小学专门给他提供了住处，这也成了他的新“家”。这个“家”，就在学校办公楼的右侧楼梯下。那是一间不足8平方米的小屋，他几乎没让第二个人进去过。

对别人家的孩子来说，学校是个在白天读书识字的地方；但对于卓玛，这里意味着他的全部。即便去了镇里读中学，每逢周末他都会回来。

卓玛性格温和，但还是打过一次架。那是读小学二年级的时候，一个调皮的同学故意在他的课桌上踩了一脚，卓玛让那位同学把泥巴擦掉，可他不仅不听，还朝卓玛的脸来了一拳，随口就是一句："打你也没人管!"

这句话，刺痛了他心中那处最柔软的地方。一向老实的卓玛不再忍让，朝着对方也是一拳……挨了校长一顿批评教育后，那位同学被他的家人接走。而卓玛，一个人默默离开。

让卓玛最开心的事是见到妹妹，她也在太坪小学念书。曾经的骨肉兄妹，如今唯一的交集就是这个校园。卓玛说，那户人家待妹妹挺好，他很放心。

在镇里读初中，回来一趟要走两个小时。

那条连接外界的山道，泥泞一片连着一片。路的一边流沙成河，另外一边高崖陡峭。每到周末，同学们就劝他别回了，就住学校吧。他不答应，执意回村子，回"家"。

卓玛的周末很无趣，没有电视机、游戏机，甚至不曾见过电脑。唯一可做的，就是翻阅那本已看了无数遍的《儿童文学》。

平时，他格外小心，很怕失去，尤其是怕失去村民的支助，还有那个属于他的"家"。他珍惜来之不易的读书机会，一直处于班级前 10 名。生活费主要是村上给，他从不乱花钱，唯一买的零食是洋芋。最破费的一次，是给自己买了套仿制的耐克牌运动服，一共花了 60 多元钱。卓玛很满足，这是他从小到大穿过最好的衣服。

即将离开校园时，我想把随身带的现金都留给卓玛，但被他拒绝了。于是，我没有再勉强。

挥手告别那一刻，阳光穿过云层，温柔地打在这片山洼里，还有卓玛那纯净的脸庞上。

……

从遥远的回忆中走出，接着读那则新闻：近年来，昭通 11 个县市区义务教育实现基本均衡发展，14.35 万名“两后生”通过就读职业教育学校掌握一技之长，全市建档立卡贫困家庭学生无因贫辍学失学。

记得这个男孩有俩心愿，一个是考上大学走出大山，另一个是成为一名治病救人的医生。相信此时的他，离梦想一定是更近了。

爱的“最后一公里”，无人可以替代

曾听一位小学老师说，有一次，她在课堂上问大家的新年愿望是什么。一个孩子说，最大的心愿就是希望在外打工的爸爸妈妈能回家陪她过年。听到她说的话，班上的孩子哭成一片。

农村留守儿童问题是社会之痛，更是家庭之殇。解决这一问题，需要社会、学校与家庭三方协同发力，谁都不能缺席。在外打拼的家长不要简单地认为，国家出台了好政策，学校采取了好措施，就能安心地把孩子托付给老人了。因为，源自父母的爱，无法被替代。

曾经看到一则相关新闻报道，感慨之余深受启发。2016 年 5 月 26 日，哈佛大学第 365 次毕业典礼演讲首次迎来中国学生代表——何江。当天，与他同台演讲的特邀嘉宾是著名导演史蒂芬·斯皮尔伯格。

1988 年，在湖南省宁乡县南田坪乡停钟村的一户农民家中，何江呱呱坠地。与村里其他农户明显不同的是，虽然家里经济条件一般，但何江的父母却有个坚定的信念——不能为了打工挣钱，让儿子成为“留守儿童”。

几年过去，外出打工挣钱的人家开始砌砖瓦房子。但是何江的家，仍是一个土坯房子。

何江印象最深的，是睡前故事。无论白天农活儿干得多累，何江的父亲都会在睡前给儿子讲故事。

何江无疑是幸运的。正是爱的陪伴，把他从一个世界带到“另一个世界”。

联系当时的社会背景，不得不佩服何江父母的选择。改革开放后，随着经济快速发展，我国社会结构也出现巨大变化，农村人口快速外流，从农村流向城市，从中西部流向东部，从经济落后地区流向经济发达地区。伴随着经济社会发展，社会上出现了一个数量庞大的群体——农村流动人口，人们习惯称之为“农民工”。

与农民工相伴而生的一个社会问题，就是其子女的照料问题。父母为外出打工获取家庭收入，基本都将年幼的孩子交由老人照顾。因此，孩子与父母相伴的时间微乎其微，这些孩子又构成了一个特殊群体——留守儿童。

留守儿童问题，一直是中国山区优秀校长国际领导力奖学金项目关注的重点课题，每年的课程基本都会涉及。我曾联系过第五届校长奖学金项目入选者——来自贵州山区一所小学的校长韦婷。据韦校长统计，当时，学校学生共 1450 人，而留守儿童就有 1200 多人。

早在 2010 年 7 月，我们就曾围绕留守儿童问题开展调研。

调研对象是首届项目入选者当中的 4 位校长：云南省泸西县旧城镇青禾小学校长周志平、安徽萧县官桥镇皇藏峪小学校长纵团结、安徽灵璧县梁集初中校长谢勋川与四川通江县杨柏乡九年义务制学校校长李俊。

访谈发现，留守儿童占据 4 所学校总人数的至少 30%，留守儿童问题当时已成为学校管理者共同的担忧。放眼全国，农村青年“趁年轻打工赚点钱”的朴素想法，已让留守儿童问题成为社会之痛。

近年来，留守儿童群体逐渐走进公众视野，引发社会关注。2016 年 2 月，国家专门出台关于加强农村留守儿童关爱保护工作的意见，既对做好农村留守儿童关爱保护工作提出总体要求，又着眼于完善关爱服务体系、建立健全救助保护机制，还强调从源头上逐步减少儿童留守现象。如此系统化的部署，称得上破解农村留守儿童难题的顶层设计“升级版”，对留守儿童来说无疑是一个福音。

研究发现，留守儿童内心更加细腻、敏感、脆弱，他们渴望被关注，但又胆怯。学校校长又该如何帮留守的孩子们弥补这“爱的缺席”？

2018 年暑期，中国培训师大联盟“家庭关系与亲子教育”领域讲师吴一禾走进项目课堂，与校长们面对面交流留守儿童的心理问题。吴一禾老师认为，问题的关键并不在于家长的缺席，而在于如何看待这样的缺席。有时，客观现实很难改变，因此学校需要给予孩子更多的关注，让他们在一个有爱的环境下学习和生活。

还有心理学家认为，只有童年时获得过爱的人，才有能力爱他人，缺乏关爱和陪伴将严重影响儿童的身心成长。据不完全统计，目前我国仍有数百万留守儿童，他们中的大多数由祖辈照顾，缺乏完整的亲情和父母的陪伴。因此，“隔代教育”问题在留守儿童群体中非常突出，这是农村教育的代际发展状况，也是亟待改变的现状。

罗曼·罗兰曾说：“谁要能看透孩子的生命，就能看到湮埋在阴影中的世界，看到正在组织中的星云，方在酝酿的宇宙。”每个儿童都是内心敏感的生命个体，宏大的制度设计可为其创造良好的成长环境，却难抵其内心。显然，留守儿童最缺乏的不是吃穿，而是父母遥不可及的爱。

父母陪在身边，才是孩子们的最大诉求。这爱的“最后一公里”，必须由父母亲自来走，谁也无法代替。

只有沉下去，才知道支教地最需要什么

2014 年 3 月 31 日，我作为教育扶贫志愿项目委派的志愿者代表，前往中原大地一所再寻常不过的乡村小学——河南省尉氏县孔家小学调研。

这所学校，被选作 2014 年海外学子支教项目的支教点。

从另一层意义上来说，作为离家多年的游子，我回到了阔别近 20 年的母校。在这里，我曾度过无比难忘的小学时光。

下了大巴，走过熟悉的麦地，穿过熟悉的白杨林，来到略感陌生的校门口。直到看见一群完全陌生的孩子，才真正明白了什么叫作“时过境迁”。

十多年前在此求学时的痕迹早已不在，映入眼帘的是一栋二层小楼。

毕竟是带着任务来的，来不及感时伤怀，我需要在最短时间内完成一系列调研任务。

显然，相比大城市，这里的英语教育水平落后很多。学生们手头只有一本英文教材，课堂教学没有卡片、练习册及磁带

等辅助工具，学校也不组织英语考试。全校仅有一名英语老师，再有两年将退休。

朗朗读书声，回荡在母校的校园

观察完教学楼的上下两层，我发现学校硬件设备更是落后，唯一让人兴奋的是学校有一台高科技设备——“一体机”，那是一个50寸左右的大屏幕，连接电脑、插接硬盘后可以用来播放视频。这台设备很关键，后来成了志愿者们授课时的必备“神器”。

最后，我走进二楼最东头的一间屋子——教师办公室，这里横放着几张大办公桌，堆满了书本和卷子。在屋子中间狭长的过道里，散坐着全校十来位教师，大家谈论着对这次支教活动的想法与期许。

“许多学生对英语根本没兴趣，一回家就不学啦。”

“一些学生用汉语标注单词的发音，这个习惯可不好。”

“还是要多互动，提高课堂的活跃度，让孩子们轻轻松松地学。”

“希望能让学生们开阔眼界，在课堂上敢说、敢问！”

乡音亲切，萦绕耳际。

一字一句，我记下这种种关切。每到一处，都拍照留影，这些图文信息成了支教志愿者团队精准发力的“靶子”。

4 个月后，海外学子支教项目在孔家小学如期举办，当地百姓纷纷点赞。

最初那几年，每次开展海外学子支教项目时，来自海内外的志愿者如“天降神兵”。虽然他们前期也远程掌握了一些情况，但并没有深入，并不了解支教地最缺什么、孩子们最需要什么，在现场只能临机决断，面对突发情况往往会很被动。

后来，提前调研成为海外学子支教项目全流程当中的关键一环。正是得益于此，支教项目才做到了精准发力。

支教乡村：深埋一粒种子，愿它生长发芽

2014 年 7 月，第五届海外学子支教项目结束那天，当时带队的志愿者郑静给我打来电话。她略显担忧地说，在志愿者离开学校的时候，一个孩子哭得特别伤心。

听完这个细节，我心里“咯噔”一下，陷入了沉思。

志愿者们真情投入，孩子们的眼泪似乎是不舍的体现，然而，孩子们若太过伤心，会不会对其幼小心灵造成伤害？

之后某一天，我与朋友深入讨论了一个问题：短期支教，给孩子们带去的是什么？他发来一篇《叔叔阿姨，请不要来我们这里支教了》的文章。文中有段话这样写道：

> 开始的时候，我们因为你们的到来，热血沸腾，我们单纯地以为，你们会至少待 3 年；我们单纯地以为，你们的游戏能提高我们的成绩。后来的一天晚上，校长说大家明天不用来了。他们的支教生活结束了，我们彼此之间的“游戏”结束了。

在我的概念里，以时间为维度，支教活动大致分为两种：一种是像“感动中国”人物徐本禹那样，放弃城市生活，投身贫困山区教育事业，多年如一日；另一种就是大学生利用暑期

到乡村开展短期支教，时间短，只有数日。既然本质上都是支教，真的会因时长有别而相差甚远吗？

海外学子支教项目全程只有10天左右，难道也如文中所说的像一场“游戏”？迄今为止，海外学子支教项目已走进数所乡村学校，它究竟给那里的孩子带去了什么？

我没有在支教期间去过现场，只能从那些志愿者的日记里，寻找解答这些疑惑的“蛛丝马迹”。

参加过几届海外学子支教项目的资深志愿者郑静曾写道：

孩子们戴上手工课上自制的飞屋环游记勋章，与支教志愿者郑静（中）合影

在教学中，尽力平等对待每一位孩子。他们站着，我们则蹲下与他们对话；他们起了争执，我们不做裁判，不做家长，我们也是其中一员，寻求客观公正的解决办法。在课间，尽力融入孩子们的欢笑中。与他们一起玩耍，我们不会回宿舍休息，只为多点时间陪伴他们。虽然这只是一生中的一个小火光，但这些小火光或许能照亮孩子们前进的路。

志愿者何思静这样写道：

刚开始上课的时候，同学们很紧张，也很害羞，不愿意多交流。通过3节课的互动，同学们有了明显转变，爱举手了，爱发言了，为了个人和团队的小星星，大家拼尽全力。下午，和小朋友们一起看电影《飞屋环游记》，虽然是一部动画片，但是主人公专情和永不放弃的精神感动了我，同学们也沉浸在动画故事情节里。整整一天，我感觉很充实。

志愿者赵艺男写道：

我们进入第三课的学习——动物和颜色的英文表达，在模仿动物猜单词环节里，看到学生们前所未有的热情。有的孩子可能好胜心比较强，特别在意胜负，甚至因自己队伍落后和对手起了争执，我借机告诉孩子们，在这个游戏里，胜负并不是最重要的。课程即将结束时，我听到有个孩子安慰另一个孩子说："我们学到单词才是目的，你快上去试试吧！"我心里特开心，因为我们不仅教会了他们必要的英语知识，更重要的是，那些道理一旦被孩子们接受，他们受的影响将是长远的。

……

看到志愿者们的这些肺腑之言，答案不言自明。

面对志愿者老师的告别，学生们伤心流泪属于人之常情，但并不能就因此就将支教活动定义为一种精神伤害。而且，低落的情绪更是感恩的情感反射，若"师生"离别，学生毫无情感波澜，那才真是可怕。毕竟，教育的终极追求应是塑造有情怀、有温度的灵魂，而非储备知识的"机器人"。

回到文章开头的问题，短期支教给孩子们带去的到底是什么？不少志愿者最初也有此疑问。志愿者张菁在支教日记中这样写道：

我反复在想该以什么样的心态前往支教学校。11 天，我能给孩子们什么？几个英语故事？一系列折纸手工？不，如果仅是这些，那么直接用我们编写的配套练习册就足够了。其实，我们能做的还有更多。

海外学子支教项目负责人刘小涵，在她写的文章《小小鼓励，可以改变一个孩子》中也给出了答案。

2019 年夏，“七彩英语周”夏令营在太行山深处的河北省邯郸市涉县鹿头中学举办。刘小涵是 12 名志愿者的领队。12 岁就出国的她，长期生活在海外，“特别希望能为祖国做点力所能及的事，参加支教活动让我实现了这个愿望”。

小涵在文章中这样写道：

13 岁的小女孩儿星桃第一次上我的课时，坐在教室最后一排。她从来没有举手回答过一个问题，甚至对其他孩子们颇为喜爱的音乐课和体育课都不感兴趣。课间休息时，我看到星桃独自一个人坐着，就坐在她旁边，问她长大以后想做什么。令我惊讶的是，她突然哭了。她强忍住泪水，说她想成为一名医生。我搂住她，安慰并鼓励她继续表达自己。慢慢地，她开始向我倾诉，她说小时候生病花了不少钱，为给家里带来的负担感到内疚。因此，她渴望长大以后当一名医生，那样村里的孩子们生病了就能够帮忙治疗。

小涵被星桃的故事深深触动。

不敢想象，这样一个害羞的小女孩身上会有这么强烈的责任心。和星桃的沟通让我意识到，其实每个孩子心中都有一个迷人的世界。可是有些孩子缺乏信心，不相信自己的梦想，而我们志愿者老师的工作就是要呵护他们珍贵的梦想，鼓励他们成长。

此后，小涵对星桃格外关注，并决定帮助她。每当她回答问题时，小涵都会表扬，还给她补之前错过的课程。几天以后，星桃的课堂表现开始有了变化，她开始举手回答问题，渐渐享受学习，而且结交了新朋友。有一天上完绘画课，其他孩子都跑去了操场，她一个人悄悄地把所有的彩色铅笔收起来，整齐地摆放在了一个盒子里。

夏令营课程内容丰富，包括英语课、音乐课、艺术课、体育课、舞蹈课及故事分享课。相比传授给他们知识，小涵认为更关键的是帮助这些孩子发现一个更迷人的世界，鼓励他们更加坚定地拥抱梦想。这十多天里，在一个个小小的鼓励下，还有很多孩子发生了真切的改变。

比如，文杰，一个害羞的女孩，渴望成为一名职业舞蹈演员，当她在每天的课间操上带着全校的孩子练习新舞蹈时，她找到了自我；博阳，一个高大的男孩，他曾为自己打过架而感到羞愧，当我教他如何与他的同学相处时，他变成了真正的领导者；春燕，一个非常聪明的女孩，她第一次发现了自己的绘画天赋，创作了一些充满了诗意美和创造力的作品……

小涵说，在农村，像星桃这样的孩子还有很多。他们往往得不到老师的关注，而且乡村教师也不知道该如何有效帮助这些孩子们建立信心。其实，多给孩子们一些鼓励，他们同样可以“发光”。

外国志愿者 Laragh 和学生进行课堂互动

当然，《叔叔阿姨，请不要来我们这里支教了》提到的“短期支教”隐忧，也引发了我们的深思。这些年，海外学子支教项目也在努力实施一系列配套工程，比如，多从思想观念、思维模式等层面进行诱导，实现“授之以渔”；做好“后期跟踪”，即使离开学校，也要和学生保持长期互动。

2019 年，海外学子支教项目还推出“两年+持续”机制，即支教活动将持续两年且在同一所学校进行，除了每年暑假的“七彩英语周”夏令营，志愿者还将与支教学校定期进行线上交流，通过资源共享、线上互动等方式，在学生学习、教师素质提高等方面持续助力山区学校英语教育发展。

同年，赴鹿头中学的支教活动结束后，没多久志愿者们就为鹿头中学的学生录制了几份视频微课，包括志愿者们的所见所感、校园生活分享、考试技巧分析、经典著作推荐等。通过这些分享，孩子们继续感受着志愿者们从未中断的关爱。

就像一位支教志愿者所言，支教活动其实不在于时间有多长，也不在于传输知识有多少，更重要的是打开孩子内心的一扇窗，让他们知道外面的世界有多精彩，让其触摸到未来那个更好的自己，从而点燃或许将影响一生的梦想。

做到这些，纵然是以泪作别的支教也是快乐的，更是有价值的。

第四篇

此处即吾乡

诗引领漂泊的人，
走出陌生的他乡，
重寻天真单纯，
重回幼时茅庐，
摆脱冷酷的枷锁，
在自然怀中温暖安眠。[1]

① 本诗作者席勒，德国诗人、剧作家，德国启蒙文学代表人物之一。

善缘之源

那是2010年暮春，京城柳絮飘飞，我还在读研的学生时代里畅想着未来的职业生涯。

有一天，突然接到一位师姐的电话，说有个公益项目招募传播志愿者，问我是否愿意一试。犹豫片刻之后，还是应下了，并约好与项目发起人先见一面。

此前，对公益一直怀有好奇心。但当时的认识还比较肤浅，对它的基本理解就是捐钱捐物做好事。

第二天下午，应约来到一家名为“雕刻时光”的咖啡馆。此地位于中国日报社后面的一条幽静小街，后来成了志愿者团队早期的“活动据点”。

顺着狭窄楼梯来到二楼。玉白色的书架闪亮入眼，典雅的音乐缓缓入耳，一切显得那般清净。

那次来开会的一共有4人，项目发起人之一付敬，还有3位“准志愿者”——陈燕红、杨翠和我。付敬当时是中国日报社资深记者，燕红正在南都公益基金会工作，杨翠和我都是在读研究生。

开门见山，付敬讲起项目的缘起。

2008 年 5 月 15 日，汶川大地震发生后的第 3 天，付敬来到四川省什邡市采访。在当地红白小学坍塌的教学楼废墟中，他发现了一幅以“让世界充满爱”为主题的学生作品。征得校方同意后，付敬将这幅画保留收藏。后来，在一场迎春低碳公益晚会上，付敬将这幅画拍卖，所获款项作为公益基金，成了教育扶贫志愿项目早期的“家底儿”。

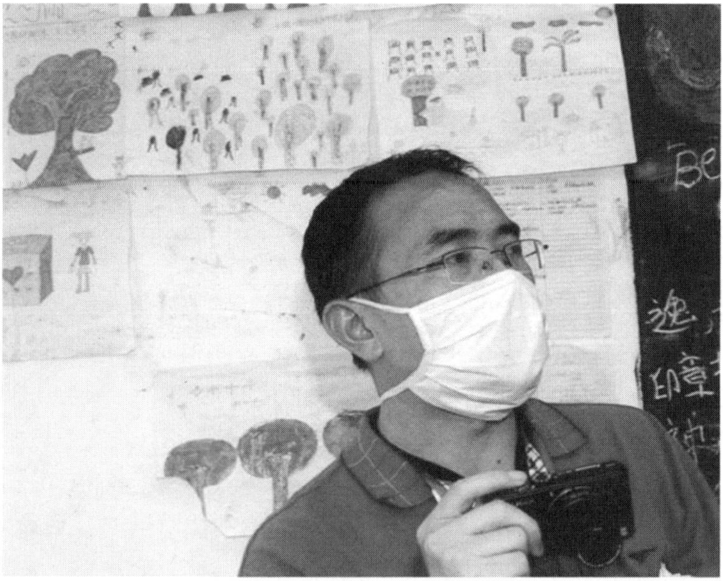

2008 年，项目发起人之一付敬在震区采访

同样在地震后，美国龙安集团总裁饶及人前往震区探望。见到红白小学师生时，他深受触动。之后，他捐资 10 万元成立“饶及人英语基金”，于是有了教育扶贫志愿项目的雏形。

一个资深媒体人，一个华人企业家，原本距离遥远的两人联手发力，使得中国山区优秀校长国际领导力奖学金项目与海外学子支教项目同时诞生，如同一双孪生姊妹。也正是那场大地震，把一颗颗善心与山区教育事业更紧地联结在一起。

震后的废墟上，重新绽放希望

半天时光，品一杯淡淡的柠檬水，静听这份善缘的源起。听到动情处，自己也心生微澜。

两大项目都直指教育。我深知，作为一名农家子弟，能来到大城市打拼，靠的正是读书这条路。因此，对教育心怀感恩，更心存敬畏。

如今，能间接为中国乡村教育出把力，一种“兼济天下”的豪情油然而生，我当即表态，愿意担任两大项目的传播负责人，竭尽所能把项目的优秀理念与品质传播得更远，真正做到“推己及人”。

后来，我把这件事情告诉了远在老家的父母，他们听了很高兴，说这是一件大好事，可得好好做。

从那时至今，已逾十年。

回首投身公益事业的起点，竟恍然如昨。多年前那个漫步校园的青涩书生，如今已为人父，但那颗深耕公益的善心，澎湃如昨。

运河之上，有一处“精神坐标”

2014 年夏，午后阳光暴烈，我站在中德科学中心门口，静候老齐。

老齐名叫“齐欣”，人民日报海外版高级编辑，业余时间专注于文化遗产传播研究。2010 年，我曾跟着他实习过 3 个月。这看似不长的时间，于我而言则是一段难忘人生。

这次，老齐被我请来给校长奖学金项目授课，主讲文化遗产保护。他将要面对的“学生”，是 15 位来自山区的中小学校长。

只见老齐从一辆出租车上下来了，他竟然拄着拐杖。

我正纳闷何故，他却指着缠满右脚的白色纱布，略显得意地说：“你瞧，上面还有你师弟师妹们的签名呢。”

我们都是老齐的弟子、“404”的成员。其实，404 是人民日报海外版一间普通的办公室，每个跟过老齐实习的学子都于此处留下过青春的痕迹。那里，慢慢成为一处我们共有的精神归宿。

当时，404 实习生众多，除了采写报道，余下时间都跟着老齐投身文化遗产公益事业。渐渐地，404 这个激荡新闻理想的地方，也生长出一个文化遗产公益品牌。

从回忆中“醒”来，赶紧上前搀扶老齐。他拒绝了，坚持自己拄拐走进教室。没有开场前的客套，他把拐杖搁一边，开始对着15位校长侃侃而谈。

以文化遗产公益事业为切入口，老齐现场勾勒出立志要做的川陕蜀道文化景观线路图。讲到动情处，他满眼放光。

“文化遗产如何与生活关联，如何与学校连接，如何让孩子们树立文化遗产保护意识并参与其中?”到了互动环节，在解答这些略显冷门的问题时，他的表情又瞬间凝重。

校长们沉浸其中，我却思绪飘飞，忆起那段在404实习的时光。

2010年9月的一天，来到人民日报海外版实习，见到传说中的老齐。他优雅地叼着烟斗，匆匆行走在楼道间。

他有时很凶，讲道理能把人讲哭。至今还记得第一次挨他的训：“你到这儿不是来学习的，是来干活的，谦虚不顶用!”

刚开始，总觉得他有点儿“不务正业”，业务时间总在研究大运河文化，频繁赴京杭大运河的另一端——杭州出差。

“一个孤独的身影，一架轻盈的单车，背着那个早已褪色的青色背包，骑行在夜色下的大运河畔。”关于他和大运河，我总会想象出这样的场景。

有一次，赴无锡出差。荡舟古运河时，不自觉给他发了一条短信：“此时，身处大运河之上，历史与现实，辉煌与式微，我在时空交错中感慨万千……”

没过一会儿，回信来了："正和你师弟师妹们喝啤酒吃烤串，赶紧回来。"

作为一名将以文字谋生的准毕业生，我曾被老齐痛批文风。一篇写海归创业的稿子，文中我用了坚持不懈、艰苦奋斗、执着前行等类似词语去描摹创业精神。他一看就火冒三丈："这些都是大而空的词，文风不改，早晚栽跟头。"

一席话，狠狠打在我心底。

后来，老齐听说我在教育扶贫志愿项目做志愿者，就让我给实习生们分享公益之旅。好不容易逮着一次"逆袭"的机会，岂能轻易放过？

那是个午后，在多位实习生面前，我回顾教育扶贫志愿项目源起，讲述那些有担当的校长，还有那些让人挂牵的孩子们，见心入情。

之后，老齐对我说话的语气似乎温柔了一些。

终于，把3个月"熬"完。很奇怪，之前天天盼着早点脱离"苦海"，真正到了要离开的那刻，却很不舍。

返校后，开始忙着找工作。404，一时被我遗忘在内心某个角落。

冬日的一天中午，正在寝室休息。突然接到一师弟短信："齐老师突然病倒，住进了医院。"心里顿时"咯噔"一下。

费了好大劲，才打听到他住院的地点——朝阳医院。事后知道，怕大家担心，齐老师让知情者严格保密。

来到急诊室，一排又一排的病床，医生护士匆忙穿梭其中。

在输液架交织的空隙中，我仔细搜寻那个熟悉的身影，想着见到他第一句话说什么。不想走快，却又控制不住脚步。

看到了老齐，他斜躺着。见我走来，他挺直身板："来啦?!"

还没等我开口，他又说："不好好找工作，跑到这儿干啥?"

我强忍住泪水，给他剥了一个橘子。"别愁眉苦脸的，我可是头一回坐救护车嘞!"他似乎有些"得意"。原本煽情的一次探望，硬是被他拽回到喜剧路线。

从那以后，404弟子们心头多了一层挂牵，那就是老齐的身体。但他很拼，仍为文化遗产保护事业四处奔走。

后来，忙于工作、生活，见面次数渐少，偶有信息问候。但是，我对老齐在文化遗产保护领域的文与行格外关注。

2012年5月14日，"运河三老"之一罗哲文走了。

老齐撰文《罗哲文从来都说还有希望》来缅怀恩师：

他的离去，使中国文物保护事业陨落了一位奋斗了72年的泰斗，我们也由之失去了心中的一面旗帜、一个象征。

两年后的2014年6月22日，中国大运河申遗成功。

那晚，发信祝贺。他的回应只有一句话，我只是坚持着、坚持着做了该做的事。就像他在《大运河申遗的3111天》中所言，如果你有幸主动参与过一次申遗过程，就会发现：功利主义难以真正支撑如此漫长的守候。

这次，应邀过来讲课时，老齐正在外地骑行，丈量“大河小道”。后面的旅途中，他不慎摔倒崴了脚，但仍坚持拄拐过来授课。于是，这才有了此文开头的一幕。

2021年春，齐欣老师在大运河沿线重要历史文化名镇——平望镇开展调研

其实，老齐或许不知，他在文化遗产保护这份公益事业上的执念与行动，如同一处“精神坐标”，深深激励着我。

这么多年过去，除了默默观望，我好像仅参加过一次他组织的文化遗产保护活动。那是十多年前的盛夏，迎着傍晚的凉风，一行人骑单车来到通州，寻觅繁华背后的运河之源。

曾无数次，我幻想过这样一幕场景——

骑一架单车，和老齐一同远行至北京之北，站定在著名又破败的开阳古堡，俯瞰河谷中的古渡和驿道，在荒凉中静听滚过的风声，直至夕阳西下。

忙在地铁 1 号线上

2017 年以前，我的“公益时刻”很多时候都是在地铁 1 号线上度过的。

下了班，从繁忙的工作中抽身，我狂奔到地铁站。坐上 1 号线，角色陡然“切换”。我从兜里拿出手机，开始与传播团队沟通近期策划，继而查收邮件，关注两大项目进展……人潮汹涌，我的思绪却飘到另一个安静的世界。

最忙的时候还要数 2015 年 4 月。网站改版、筹办微信公众号、推送志愿者招募文章等，传播工作千头万绪。

比如，4 月 17 日那天刚下班，我就接到“立即编发一则捐助报道”的任务，于是我急忙联系志愿者赵艺男采写这则消息。她迅速写好稿件，我赶紧修改了一遍，之后发付敬老师审阅，等稿子审定后又交给网络编辑推送……沉浸在行云流水般的信息流转当中，完全忽略了晚高峰的拥挤感。

这条信息最终发出时，地铁已行至目的地。揉揉疲惫的双眼，我大踏步走向家的方向，此时，灯火阑珊，微风微凉。

每届校长奖学金项目入选校长名单出炉后，为了第一时间发布这一喜讯，传播团队经常开启“夜间工作模式”。

艺男编发微信公号文章，琪琪更新网站，我与他们保持线上沟通，对每一篇稿件、每一幅图片逐一把关。晚上 9 点，微信公众号推出了报道。可谁知，新闻稿中有一个数字不准确，于是只能重发一次。这一场“夜战”打得有些仓促。很快，付敬老师又打来国际长途，略显严肃地对我说：“如果还以前 5 年的标准要求自己，将无法再上一个新台阶，我们已经步入‘二五’阶段，每一篇新闻稿都是一个窗口，无形中代表着我们的品牌与形象。”

听他说完，压力陡增。我也开始反思，原来的那篇稿子确实不像新闻稿，内容太过生硬，作为新闻系的毕业生，不应该有如此不专业的表现。

于是，我又赶紧联系作者，沟通稿件存在的问题，并建议补充采访，增补细节。晚上 10：30，稿子圆润了许多。于是，再一次走编发流程。大功告成后，我蹑手蹑脚走进卧室，生怕惊扰已经熟睡的家人。

做项目传播工作那几年，还会偶遇一些“突发新闻”。比如，有一年春节期间，我被朋友圈里一则《这个“村晚”秒杀“春晚”!》的图文信息吸引了。

时间：晚 8：00—12：00。

地点：云南洱源牛街乡上星村小学校点。

总导演、总策划：在外读书放假回来的大学生和年轻人。

演员、观众：全村 32 户人家 130 多老少男女自编自演自赏。

效果：大家都离开了麻将桌，离开了电视机，甚至顾不上抢红包。直到猴年到，才依依不舍散去。

仔细一看，这台“村晚”的组织者不是别人，正是2015年入选第六届校长奖学金项目的杨金元校长。他默默坚守乡村教学点30多年，集校长、班主任、任课教师多重身份于一身，为这个小山村培育出近20名大学生，村里40岁以下的人几乎都是他的学生。

在付敬老师建议下，我赶忙联系传播志愿者赵艺男，让她负责编发一期专题报道。

大年初七，上班第一天，1号线客流量从未有过的少。早上7:30，地铁行至军事博物馆站，艺男发来她编辑的一则微信公众号文章——《杨金元的别样“春晚”》。文章开头这样写道，今天是节后上班第一天，为了缓解大家的“假期综合征”，我们要和大家分享一台欲与央视春晚PK的别样“村晚”。

我在手机屏幕上逐字逐句阅读这期内容，然后反馈意见，艺男改后再发来，我再阅。7:50左右，推出定稿。这期内容转发到我们的校长微信群后，大伙儿纷纷为杨校长和这台“村晚”点赞！

此时，地铁到站，我匆匆奔向单位，准备开始忙碌新的一天。

公益传播志愿者的午夜时刻

时常感慨，对公益项目的传播志愿者来说，最尴尬的莫过于发起人是专业做传播工作的，原因在于他太懂行，传播志愿者很难蒙混过关。

这些年，随着自媒体的兴起，付敬老师对项目传播团队提出了更高要求，比如，遇到重大活动与重要时间节点，微信公众号平台必须实现当天推文，而且要图文并茂。

2016 年夏，第七届校长奖学金项目举办期间，我每天下班后就赶赴项目现场，先坐在教室后排旁听当晚课程，下课后再与传播团队讨论第二天工作安排，之后回到家往往已是深夜。

然而，并不能安心睡去，因为这一天的传播工作才刚开始。此刻，艺男已开始编辑报道，我需要在推送前完成内容审核。

家人们都已熟睡。为了不吵醒他们，有时我会自觉地搬着小板凳，默默地走进卫生间“加班”，开始在这个略显狭窄的方寸之地等稿。边等边催，边催边等，不知不觉已近夜半。

印象最深的还是那年 7 月 24 日。那天，第七届校长奖学金项目启动，需在当晚推出启动仪式的图文报道。

22:00，艺男编好后，将公号文章预览版发我审核。23:00，我审核完毕后发给远在欧洲的付老师终审。

等到23:30，付老师在传播团队的微信群里回复："第一，给每张图配一句文字说明；第二，启动仪式上每一个环节都需配一张图片；第三，注意行文规范。"

接到反馈意见，艺男马上投入"战斗"。

23:40，微信无声。

23:50，实在等不及，就在群里提醒了一句："还有10分钟!"

23:56，艺男将修改后的预览版发到群里。

23:58，付老师回复："可发。"

23:59，推送成功。那一刻，总算松了口气。

2017年以后，因工作原因，我不再任传播团队负责人。之后，何娟、李御智先后"接棒"，都把传播工作做得有声有色。

对御智来说，最"挣扎"的不是连续熬夜设计《项目手册》，而是完成一版后似乎永无止境的修改完善。经过几天的奋战，整理项目框架、填充内容细节、排版等一系列工作完成后，终于将《项目手册》10.0版发送至传播团队工作群请大家审核，内心估摸着：改到10.0版应该是最终版了吧。

之后，面对群里近10位"甲方"的严格审稿，任何细节问题都无法逃脱，《项目手册》在一遍又一遍更新中不断优化。

御智回忆说，当时只要有时间就会对《项目手册》进行打磨，16.0版之后，还有最终版、最最终版……最后才是正式印刷版。

传播团队最忙碌的时光是在两大项目执行期间。有一年，御智和潘莉拿着两三台设备整场穿梭摄影录像，欣然在前方现场编辑推文，韩笑在后方“阵地”同步更新微博、网站等传播平台……

实在忙不过来了，传播团队也会从现场执行团队“偷人”，红玲实属文笔最佳的不二人选。她作为校长团队协调人，已有诸多事项需要处理，但她还是愿意参与进来，写新闻稿，做课堂记录，帮忙帮得不亦乐乎。

其实，在项目起步之初，我们一直是“干得多、说得少”。后来，为了影响和帮助更多人，逐渐加强传播工作。项目十年如一日的坚守与成长，也引来越来越多的社会关注。《人民日报》（海外版）、《中国教育报》、《公益时报》等多家主流媒体都曾给予报道，其中《人民日报》（海外版）先后以“留学生赴贫困地区支教反哺国内教育”“世界这么大，我还可以帮助别人去看看”“点亮梦想之灯”为题作过多次专题报道。

对传播志愿者而言，这是一种“有声”胜无声的莫大鼓励。

化解一场“公关危机”

2014 年 7 月 26 日，原本会是第五届校长奖学金项目入选者最兴奋的一天。

根据校长奖学金项目课程安排，当晚将有一位重磅的“明星级”讲师前来授课。一整天，校长们都按捺不住内心的激动，个个翘首以待。

傍晚时分，我下班后立刻乘地铁赶往中德科学中心，也想一睹名师风采。刚到地方，突然接到付敬老师电话，由于这位讲师家里出了点状况，他在赶来的途中返回，今晚课程只能取消。

听到这个消息，我一时懵了，期盼已久的愿望竟然落空。转念一想，校长们知道后又该多么失望？来不及品味自己的那点儿小悲伤，作为项目的“新闻发言人”，我必须迅速拿出应急方案。一场“公关危机”，悄然而至。

静坐在会议室，迅速拟好一封简短的致歉信：

尊敬的各位校长，很遗憾地对大家说一声，抱歉！今晚的授课老师由于家里有突发状况，不能前来，他为此深表歉意，希望大家能谅解。

我和你们怀着同样的心情，期盼着能见到他。其实，人生总有各种各样的偶然发生，让我们不得不去面对各种各样的遗憾。换个角度想，我们今晚见不成这位老师，却得到一段自由时光，何不用这段时光做些难忘的事呢……

傍晚 6 点半，我来到校长们的宿舍。大伙儿已知道了消息，正聚在一块热议，遗憾的表情生动地写在他们脸上。

见状，我先念了一下拟好的致歉信。短暂沉默过后，有人开始小声嘀咕起来："过几天还能再邀请他过来吗？"

面对一双双略显失落的眼睛，我突然意识到，所有解释的言语都显得苍白无力，最真诚的道歉应是拿出实际行动。

此时，我突然想，今晚的课已确定取消，如果不安排些事情，大伙估计会继续发牢骚，何不借此机会组织一场活动，转移一下大家的注意力？

与付敬老师沟通后，我向大伙儿郑重宣布："经志愿者团队商议，今晚，我们一起去感受北京的咖啡馆文化，大家觉得如何？"听到这个消息，校长们的心情顿时"阴转晴"。

一行人直奔千米之外的五道口，觅得一家还算清静的咖啡馆。

听着悠扬的轻音乐，大伙儿聊家乡、谈过往，刚才的那点儿遗憾似乎被渐渐淡忘。

来自青海的扎西校长，小声哼唱起家乡的民歌。藏地高音隐隐飘出窗外，飘向霓虹灯闪烁的夜空，辽远、悠长。

不甘为公益大潮中的“落伍者”

2016年还剩最后一天年休假，该以何种方式度过？12月27日这天，我来到国家会议中心，参加提前报了名的中国公益年会。

千人大会，盛景空前。

虽说驰骋公益领域多年，但之前很少参加类似活动。总安于耕耘自己的“一亩三分地”，无暇放眼去看世界风云变幻。

到了会场，我马上找个位置坐下，静候公益大咖们登台分享。

之前，自己对于公益事业的认知格局太小、层次肤浅，一直停留于“低调做好事”的层面。在这次会议上，9家公益基金会的秘书长先后发表演讲。在新思想、新理念冲击之下，自身有猛醒顿悟之感。

从中采撷精华一二，以省吾身。比如，公益机构要有服务、创新、效率和效益意识；志愿者做公益，不仅仅需要满腔热血，更需要职业、专业与效率；做公益需要有企业家精神，以企业化管理提升公信力和专业化，让基金会拥有基金，让公益更加专业；儿童发展是消除贫困的根本途径，要给每一个孩子一个阳光起点，等等。

印象最深的是深圳国际公益学院董事会主席马蔚华提出的公益金融概念。他说，必须将公益和金融结合起来，为公益引入金融思维，用金融商业模式促进公益项目的创新。

众所周知，传统意义上的捐赠往往以现金形式献送爱心。然而，在资本市场规模日益壮大的背景下，作为捐赠主力军的“企业”，为何不能将现金捐赠转化为产权、股权捐赠？

实际上，这种捐赠方式的转型已有不少先例。2016 年 4 月 18 日，马化腾宣布将捐出 1 亿股腾讯股票注入筹建中的公益慈善基金，通过各家公益慈善组织和项目，支持以中国内地为主的医疗、教育、环保等公益慈善项目以及全球前沿科技和基础学科的探索。

其实不只是马化腾，不少顶级商业大佬都曾将财产捐献给公益事业。2015 年 12 月，脸书（Facebook）创始人马克·扎克伯格喜获爱女，为了让女儿 Max 活在“比我们现在更好的世界”，扎克伯格与妻子普莉希拉·陈承诺将他们手中 99% 的 Facebook 股份（约合 450 亿美元）捐赠给以自己及太太姓氏为名的慈善机构 the Chan Zuckerberg Intiative，用以消除人类疾病。

当前，世界已进入人均 GDP（Gross Domestic Product，国内

生产总值）1万美元的善经济时代。资本市场与贫困需求“对接联姻”，俨然已成为慈善事业新的“打开方式”。或许有人担忧，资本市场原本就变幻莫测，它与公益事业的“牵手”，是否将打破那份纯净，衍生成过于商业化的运作模式。这个问题确实值得深思。

新时代的脚步，正坚定向前。大势面前，作为一名公益人也应用新思想去涤荡原有的“思想基因”，如此才不会成为时代的“落伍者”。

低调公益，高调做事

2015 年 1 月 17 日晚，教育扶贫志愿项目 2015 年启动会在网上召开。上一年的项目结束后，一切归于沉寂，志愿者们重回各自的轨迹，似乎又散落人间。

会议刚开始，付敬老师就开门见山给大家敲“警钟”：“咱们千万不能顶着公益之名，而不行公益之实……”听完这句话，心头一紧。

2014 年夏，教育扶贫志愿项目刚结束，网站改版、微信公众号创办就被提上议程，半年过去几乎无进展。当时，根据志愿者分工，这些都是我的“分内之事”，但碍于各种琐事，一直没有推进。

散会后，我开始反思：“自己做公益的动力哪里去了？为何渐渐疲惫，近乎麻木，找不到最初那颗滚烫的心了？”

于是，赶紧提速各项工作。几个月后，网站改版终于有了进展，心间一缓。

有天傍晚，付敬老师从布鲁塞尔打来国际长途。对这一年的传播工作，他有许多思考与建议。其中，新网站设计方案他给了“不及格”。相比于他的国际化视野，我的思维明显囿于传统模式。

其实，我的困惑远不止此。闲暇时，常自问做公益究竟为了什么？是为了获得把空闲时间安排满的充实感，还是被别人知晓投身公益时的虚荣感，或是帮扶乡村教育事业的使命感？

从涉足公益那天起，就有此疑惑，多年过去，仍然无解。

或许，永远没有答案，也根本不需要答案。观天下，多少人以公益之名从容行走人间。无关年龄，无关职业，无关社会地位，一点一滴行公益之实，每一天都坦坦荡荡。

记得付敬老师给我们算过一笔“公益账”，如果每周投入 2 小时，每月就有 8 小时，时间能堆砌出实实在在的行动，而这些都意味着改变，小小改变足以让世界动容。相反，如果打着公益项目志愿者的名号，却未尽公益之实，那改变世界就无从谈起。

2010年校长奖学金项目举办期间，志愿者Erik（左二）、杨翠（右二）对两位校长进行深度访谈

细细想来，每周挤出 2 小时，只要尽心，再忙也能挤出来。最初参与公益全凭自愿，走到这一步也是全随心愿。于是，暗下决定，重拾志愿精神，纵然身心疲惫，仍不改初心。如此，在这条漫漫公益路上，才能走得更为长远。

十年过去，我还在这里

最初涉足公益时，内心更多是新奇，没想过自己到底能坚持多久。谁曾想，十多年过去了，竟还在这里。2015 年 4 月，教育扶贫志愿项目专门组织策划了“五周年回顾访谈”，我在受访者之列。

采访者问：“你做公益最大的动力是什么？”

我答：“求善的幸福感，精神上的充实感。”

他又问：“仅仅是这种心理感觉吗？”

我答：“更多是一种‘助人自助’的成就感与快乐感，能给自己、给别人、给社会带去一些真真切切的改变。”

他还问：“那么，这种改变的力量究竟有多大？”

……

面对犀利追问，内心开始自问：“耕耘公益数载，真的是源于内心的责任感与使命感吗？假若有一天热情消退、余力不足，自己还会再坚持吗？”

越困惑，越无解。只是知道，每年暑假到了两大项目同期举办的“忙碌季”，如果闲着就很不适应。尤其是每届校长奖学金项目结业典礼举办后，当校长们纷纷踏上归途，心头会有种空落落的感觉，甚至涌起一丝难以言说的忧伤。

如果说，最初的选择是源于一种责任感，而今，当投身公益的光环与荣耀渐渐淡去，执着前行更多是基于一种停不下来的惯性、一种自然而然的习惯。

这些年，还记住了许多可敬的面孔。比如，四川的李俊校长、周涛校长，安徽的纵团结校长，青海的阿丁校长，黑龙江的范长山校长、陈丽红校长，等等。他们背负着师生们的万千期盼，来京后激荡思想，返乡后“大展拳脚”，以追梦者的身姿践行乡村教育家的责任与担当。

这些年，志愿者队伍“迎来送往”，但每个人都不是“过客”，大家在“授人以渔”的路上彼此激励。可以说，这个团队散若繁星，聚如炽火。付敬老师的格局、丽婕的睿智、杨翠的责任感、晓波的国际视野、小涵的专业化、红玲的教育情怀、御智的设计感……他们身上的优秀品质与闪光点，一直激励着我往前走。

值得铭记的人太多，值得回望的故事也太多。虽然他们和它们，已渐渐走入岁月深处，但从未被遗忘。

当十年的志愿记忆涌上心头，慢慢就有了以上这些文字，也有了这本书的雏形。成书的过程是艰难的，如同一场长途跋涉。前同事志良老师一直关心书稿进展，不时鼓励，让我不敢偷懒。在此，向公益路上所有关心、支持我的师友们一并致谢。

可以说，我个人的成长与教育扶贫志愿项目的发展是密不可分的。项目从一颗种子成长为一株大树，我在项目见证下也经历了许多重要的人生篇章，比如，找工作、成家、有了孩子……记得女儿出生那天，我给志愿者伙伴们发了信息："教育扶贫志愿项目志愿者团队再添新成员，'公益二代'将威震江湖！"付敬老师开玩笑说："可以让小家伙早点儿参与到我们的项目里来。"

我深知，自己能坚持这么久，离不开家人的鼓励与支持。父母从小教育我做一个内心向善的人，他们为我在业余时间做公益而自豪。平时工作很忙，再从难得的清闲时光中挤时间做公益，若没有妻子的理解与支持，很难在这条路上走这么远。女儿小溪更是我执着前行的精神动力，我始终坚信自己的志愿行动，能让她真切感受到这个社会的温情与善意。记得在她 3 岁那年，带她参加过一次志愿者年会。那天，我们激烈地研讨项目的未来发展，她坐我旁边安静地吃着蛋糕。这个场景如今想来依旧动人。

凡是过往，皆为序章。下一个十年，愿我们仍是此间少年。

第五篇

“同行者”说

一棵树就是一处风景，
一棵树就有一个故事。
做彼此的光亮，
但行远方。

刘小涵

教育扶贫志愿项目执行团队负责人。伦敦大学学院英语文学学士，欧洲工商管理学院工商管理硕士，先后供职于中国国家媒体及伦敦金融城政府。

热爱教育，立志用真诚、专业的奉献成就公益梦想。

孩子们的信任，给予我超越自我的力量

2017年秋，我第一次听到教育扶贫志愿项目的故事。当时，我和付敬老师一同在德国汉堡出差。在路上，付敬老师与我分享了项目的起源和发展。我被这个充满爱与力量的公益项目深深吸引，更被多年来为项目默默奉献的志愿者们感动。激动之下，我立即“申请”加入项目，从此，我的生活因项目而改变。

从2017年冬天加入项目担任支教团队协调人一职，到2020年担任起项目负责人，我深刻感受到了自己团队管理能力的提升，并相信这种“干中学、学中干”的文化同样能帮助志愿者们更好成长。

教育扶贫志愿项目是一个由志愿者团队管理运营的项目，秉持“小而精”的发展理念，以专业志愿服务提升中国山区教育质量。项目由中国山区优秀校长国际领导力奖学金项目和走进山区教育两大旗舰板块构成，此外一支精干的传播团队管理两大项目的传播及项目品牌整体的维护。项目虽是志愿者用自己的业余时间运营的，十余年来却是硕果累累。我加入项目后，深深感受到与志愿者们、山区孩子们共同成长的欣喜。

说到共同成长，讲一个小故事吧。我从小动作笨拙，小学时，妈妈送我去学芭蕾舞，但我的动作总比同学慢半拍。美丽的小姐姐们手拉着手跳小天鹅，我却孤零零地愣在一旁，像一只可怜的丑小鸭。2019 年，我带领志愿者团队去河北涉县鹿头中学为孩子们上课。课间为了鼓励孩子们参加更加有趣的活动，我与志愿者们商讨后决定领着孩子们练习舞蹈。为了实现这个美好的愿望，我请了班里 3 个爱跳舞的小女孩在课间领舞。她们要上台时，告诉我说：“老师，您一定要与我们一同上台领舞。”我顿时愣住了，舞蹈动作笨拙的我行吗？当时，台下学生用期待的眼光看着我，这 3 个可爱的小女孩也来拉我的手，我只能鼓起勇气和她们一同上台领舞了。从此，舞蹈变成了我们每天课间的活动，我也渐渐增强了自信，并乐在其中。我想，若站在台下看到这位充满活力的领舞老师，一定不会相信她就是当年那只可怜的丑小鸭吧！孩子们的信任给予我力量，使我超越自我，与他们一同成长。

何为领导力？或许可将其提炼为三个关键词：坚定目标、赋能团队、重视沟通。

谈到如何通过坚定目标来创出新道路，我想跟大家分享一下 2020 年我组织出版《嘉言善行：山区校长谈教育》一书时的心路历程。最初萌生出版此书的想法是在 2020 年 4 月。说实话，我当时心里是有些犹豫的。想到校长们忙碌的时间表，我问自己，他们会有时间撰写这本书的文章吗？此书是我们的第一个出版项目，若是我们编辑出版水平质量不高，是否会让长期关爱项目的参与方失望呢？

当团队决定要推进此项目时，我告诉自己这个出版项目只能成功不能失败。我对团队做了总动员，鼓励他们更多参与到项目出版的前期方案设计中。在我的鼓励下，志愿者们也积极联络了项目十余年来培训过的校长们，与他们分享这个难得的机会。很快，策划、撰写、审稿、编辑、封面设计，每个环节高质量地推进，不到半年时间，《嘉言善行：山区校长谈教育》就出版了。我想，在面对未知时，领导力的体现是坚定方向。

赋能团队，需要的是多听取大家的意见，并放手让年轻队员去施展他们的才能。例如，2020 年我们完成了项目品牌重塑及升级工作，这是传播团队负责人李御智牵头完成的。李御智在传播内容、渠道、品牌等各方面都非常专业，又有独特见解，在他的带领下大家非常顺利地完成了这项重要工作。又如，

2020年项目首次尝试开展线上课程，我将课程设置及管理的工作交给校长奖学金项目负责人陈红玲，她与校长们沟通多，很了解校长们的各种需求。红玲带领着校长项目的20多位志愿者花了大量的心思，从课程设计到协助校长们确定研究课题等；从解答校长们关于网课的技术难题，到每堂课的后续工作，都安排得非常妥当。红玲及其团队对每个细节的精心安排都让我真心佩服。我想，赋能团队的精髓，是在把握大方向的前提下将机会给到队员，让他们有充分展示自己能力的空间，在自我实现的激励以及创新思考碰撞中，收获预想不到的成效。

重视沟通，是项目长期持续发展必不可少的工作。除了需要与团队频繁地沟通外，与项目主管单位及各捐方的沟通也是非常重要的。中国国际民间组织合作促进会的王香奕秘书长非常关心我们项目，我常常与王秘书长沟通，听取她的建议。虽然民促会管理多个项目，王秘书长的时间也非常宝贵，但每逢我向她汇报工作，王秘书长都是细心聆听，并提出宝贵意见。同时她还经常用周末时间参加到项目活动中，令我非常感动。我与几位捐方代表都有非常密切的沟通，在交流过程中，我真切体会到他们对乡村教育发展的关怀以及对乡村孩子们的关爱。同时，我与志愿者及授课老师的沟通也非常多，在一次次深度交流中获得了更多灵感，也因此收获了珍贵的友谊。

参与教育扶贫志愿项目的诸多经历，对我的职业成长也有很多启发。记得刚加入项目时，还是一线记者的我整天“埋头写稿”。2019 年，我带领支教团队志愿者们策划及执行在河北涉县鹿头中学的支教活动后，我在领导工作上的自信心也有了明显提升。那时，在伦敦金融城政府从事金融政策研究的我，学会了更多地将工作重心放到团队合作上，当时我负责好几个跨部门项目，充分调动了组员的积极性，确保团队高质量完成业务。一年后，我接手项目负责人一职，同时选择到位于法国的欧洲工商管理学院攻读工商管理硕士学位，将自己实战中对领导力的运用与课堂的学习相结合，以期毕业后发挥更大作用。

教育扶贫志愿项目像一个温暖的大家庭，它为年轻志愿者提供了展示自己、提升自己的舞台。在这个小而精的项目中，大家秉持“干中学、学中干”的理念，互相鼓励，一起成长。我相信，将来会有更多年轻志愿者进入这个温暖的家，通过历练未来成为各个领域的优秀领导者！

彭晓波

教育扶贫项目团队核心志愿者。

毕业于英国曼彻斯特大学。

2010年第一届海外学子支教项目领队，后作为团队核心志愿者进行志愿服务。

种下更多“种子”，收获更多“礼物”

与教育扶贫志愿项目结缘于2008年。那一年我在北京参加项目活动，给几位老师做现场翻译。没想到两年后，我去了这几位老师所在的四川省什邡市红白小学支教。这所学校在汶川大地震中受到重创，是海外学子支教项目的起源地。而我的这段志愿经历，至今已有十几年。

种子

2018年，海外学子支教项目在十周年之际重回起点——红白小学。陪同志愿者到学校的时候，发现其中一位留校协助老师还是第一届的那位老师。沟通课程时，这位老师对志愿者们说：“重要的并不在于你们教给他们多少知识，而是想通过你们让孩子们多长点见识。所以，你们不用太紧张。”

这番话让我想起了项目初衷。这也是最初在设计课程时我们问了自己很多次的问题：“这七天我们究竟能带给学生什么?”老师的回答确认了我们的方向，通过课程打开一扇窗户，连接全球各地的青年大学生和山区的孩子，让孩子们知道外面的世界是怎样的，从而在他们的心中种下一颗种子。

“种子项目”，是我们对这个项目的定位。

也是在这一年的英语周授课期间，我和另一位志愿者去看望授课志愿者。出发去红白镇的那天早上，我在微博收到一条留言：“虽然照片完美地错过了自己，但是还是看到好多小时候的同学，也记得那次的夏令营，不知不觉发现自己已经长大了呀。”

这条微博的内容是这一届支教志愿者的合照以及2010年我们在红白小学支教时和学生的合照。看到这条留言我愣住了，当年课程结束，我们留下了联系方式，有手机与QQ，却并没有微博。8年过去，在这样一条微博下，在正要前往红白小学的路上，我竟然收到了当年学生的留言?！那一刻，我既惊喜又意外。

原来，这个小姑娘正在读师范学院。我暗自激动，我的学生，或许将来也将成为一位老师呢，多么奇妙！虽然我仅是一个当年教过她7天的志愿者，虽然隔了8年，她还找到了我。

这颗“种子”在萌芽，也许我们那几天的英语周活动于她的成长而言，只是微不足道的一滴水，但是这滴水她记住了。

礼物

记得第一次在红白小学给大家上课时，发现设计的课程和教学方式对学生来说还是有些难，后来调整了教案，把教学重点放在了对话场景的单词互动上。

在课程第4天却有个意外发现，有一首诗学生们很喜欢，好几个还在自发地背诵。这首诗歌的名字叫“Present”，来自第4天的课程——《功夫熊猫的故事》。Yesterday is a history, tomorrow is a mystery, but today is a gift, that is why it is called the present.（昨天已成历史，明日仍是个谜，而今天则是一份礼物。）这首诗歌我原不打算深讲，但看到这一幕时很是触动。孩子们的领悟能力超过我们的想象。他们有着一颗发现宝藏的“眼睛”，透过复杂，发现简单。

第二年夏天，我和一位志愿者回到红白小学看望大家。已过去一年多，当我们出现在教室外时，孩子们一拥而上，围着我们叽叽喳喳：“今晚不要回去了嘛，都没有车了。”我们笑着问：“那我们住哪里啊？”一个小男孩儿冒出头说：“住我家吧。”

这个小男生的身影，至今在我脑海里还是很清晰。他是一开始最调皮的小孩儿，上蹿下跳。也正是他，在我们离开后的那天，给我打了个电话，问：“晓波姐，你们去哪儿了呀？”声音很轻很甜。我没想到会是他给我打这个电话。我说：“我正要去汇报我们这次的英语周呢。你喜欢这个英语周吗？”他回答道：“喜欢。”

我有点愣住了，意外的电话，意外地收获了这个回答。这几天的课程时间并不长，他信任了我们，他喜欢了这次课程。这份信任和喜欢，就是我此行收获的最宝贵的礼物。

旅程

转眼与项目结缘12年，其中牵头海外学子支教项目8年。还记得第一年结束后，志愿者们回到各自的学校，大家从全球各地给孩子们寄了所在城市的明信片，兑现我们对孩子们的承诺。

12年好像很长，好像又很短。回想起那些情景，都还历历在目。想起那些人，脑海中立刻还能浮现出他们的样子。

就如给我留言的那个小姑娘所说，不知不觉中长大了。

的确，不知不觉中我们和项目一起长大了。从最开始的青涩大学生，到成为英语周的老师；从第一年的志愿者领队，到后面作为后台进行项目整体统筹；最近几年，我的角色又有转变，成了二线的志愿者。看着新的志愿者如同当时的我们一样，饱含热情投入其中，觉得真的很棒。

还记得第一届英语周，我们的海报上写着“我们的七彩历险记”，取雨后彩虹之意。那时的我估计没想到，这场计划送给学生们的七彩之旅，也是给我自己的。这段旅程，真如彩虹。希望七彩之旅继续，去到更多需要帮扶的学校，为山区孩子和青年大学生志愿者打开更多的窗口，种下更多的“种子”，收获更多的“礼物”。

附图：

2018 年那位小姑娘在我的微博下的留言截图。

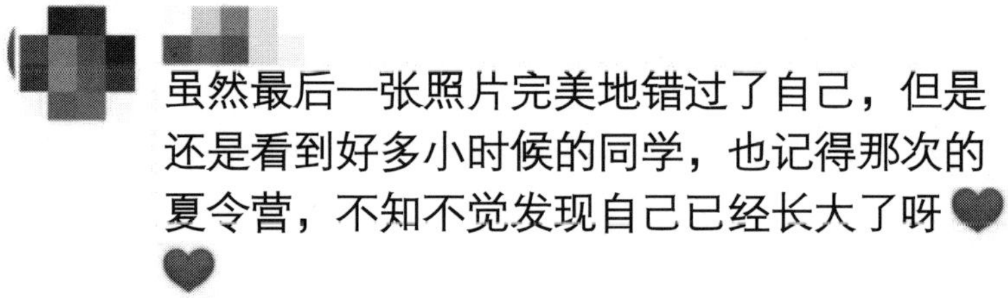

陈红玲

校长奖学金项目负责人。

毕业于师范院校教育学专业，后从事中学教育教学改革工作。2018 年加入教育扶贫志愿项目并逐渐成为核心志愿者，负责校长奖学金项目的管理及执行工作。自大学期间参加公益，多年来坚持用公益为教育助力，在公益和教育事业中全力以赴。

力所能及处自当全力以赴

我出生并成长于一个贫困县的农村，踏上求学路的第一天，我就知道：教育是农村孩子赢得未来的希望之钥。或许就是基于身处的教育环境，基于对教育重要性的认识，我在即将毕业的 2018 年邂逅了教育扶贫志愿项目，并加入其中，之后乐此不疲。

仁爱、互助、成长

项目已成立 12 年，其间几易其名，名字从“及人”到

“扶贫助教”再到“教育扶贫”，直到现在正式定为“教育扶贫志愿项目”，但从未改变的是项目的初心——为山区校长和山区的孩子提供最前沿的国际教育视野，提高校长的领导力，以仁爱之心助力农村教育发展。

中国山区优秀校长国际领导力奖学金项目是教育扶贫志愿项目的旗舰项目之一。项目始终秉持“一个好校长就是一所好学校”的理念，在校长遴选过程中坚持公平、公正、科学的标准，在课程设计上以多元化、国际化为主要方向，从幸福校园、国际视野、领导力、人文科技四大模块出发，关注山区校长的实际诉求，真正为乡村教育发展助力。

一生的坚持与守候

校长奖学金项目虽然每年仅有十几个名额，但有近百位校长的申请表从全国各地传来，每一张校长申请表都凝聚着农村校长对改善农村教育的孜孜追求。正是因为数不清的农村校长为每一所农村学校奔走，才有了农家子弟改变命运的机会，才有了农村教育面貌的不断改善。

有幸通过遴选面试与许多农村校长相识，申请表上的履历体现着他们为农村教育奉献的坚定决心。在面试环节，志愿者可以通过对话了解一所农村学校从濒临并校到名列前茅的经历，但我们无法想象其中的不易与艰辛；我们可以知道农村学校的控辍保学成绩，但不知道农村校长为之付出了多少努力。我们志愿者何其有幸能感受到他们炙热的教育情怀和独特的教育智慧。

冯海燕校长放弃了进城机会回到家乡母校，从事农村教育22年。她所在的学校名叫“燃灯寺小学”，多像我们的农村校长，如一盏灯燃烧自己，照亮学生的未来之路。李广杰校长在农村学校设立了近20个学生社团，潜心打造农村小学三维立体教育场，为每个农村孩子的幸福生活做准备。杨慧校长从内蒙古到海南，始终坚持在教育第一线，以巾帼不让须眉之志助力振兴乡村教育。李志磊校长组建了豫东地区第一个农村小规模学校联盟——河南学习共同体。每位农村校长都在探索学校变革之路，我无法穷尽，这里只能列举一二。

历史和行为需要见证，志愿者就是见证者之一。无论是北京的线下培训课程还是线上的直录播课程，校长们的认真程度总令我们志愿者印象深刻。马奋魁校长在家乡被大雨淹没的情况下还坚持在北京学习；杜冠鹏校长在“激流扬帆”系列美篇中记录着他每一次课程的收获与实践；黄建强校长说在课堂上学到了专门解决针对性问题的教练工具……

他们在面试时说了很多，但做得更多，我很想把农村校长的故事讲给大家听，但我更希望大家能够看——入选项目的校长发挥自己的领导力，将当地的农村教育发展到更高的高度。

致敬最可爱的志愿者

刚加入项目时就被志愿者精神感动，不得不提的是项目12

年来从来没有专职的运营人员，完全依靠志愿者利用空余时间进行管理。

遴选标准的确定、紧密的校长面试安排、“抠门”预算的制订、数十稿的《项目手册》、丰富的课程安排与行程策划等都在数不清的电话会议中完成，这些志愿者多数还是在校大学生，但他们在项目运营中一步步地学会了“十八般武艺”，志愿者将爱化作了更加专业的行动。正如有一年团建活动的新闻稿标题——“投身教育扶贫公益，一切美好皆有可能”。

我有幸参加了两年的线下执行，每年的执行都是匆匆忙忙但又热情十足。在北京执行项目时，每天 18 小时左右的工作时间，全程陪同旁听课程并负责解决问题，志愿者高效的执行力让项目的课程安排都得到落实，志愿者之间的妥善配合让每一年的项目都圆满完成。我们见过凌晨的星光，我们用着跨国的网络，我们为共同的追求而努力。

十多年来，来自各地的志愿者来来去去，有的人因为本职工作忙等原因不得不离开，又有人因为对公益的热爱前赴后继地加入。多年来的项目运营多数依靠志愿者的线上会议与交流，只有在每年的线下执行时得见一面，甚至有的人是从加入到离开都未曾谋面。虽在远地，但志愿者依旧默契十足，高效的线上会议，顺利的线下执行都是志愿者们共同努力的结果。大家总是挤占自己的休息时间，选择另一种生活模式，尽力参加每一个会议、策划每一份方案，为山区教育奉献自己的微薄之力。

有人问我为什么参加这个项目。当时是一腔热血，而现在则是因为感动，感动于志愿者的全情投入与无私奉献，感动于校长们对农村教育的坚持与守候，感动于捐方数十年如一日的捐赠，感动于老师们远赴千里的倾情授课。

我参加这个项目 3 年，从传播团队的成员成长到校长奖学金项目的负责人，当时加入项目时我说力所能及处尽力而为，现在我想说力所能及处自当全力以赴！

李御智

教育扶贫志愿项目传播团队负责人，清华大学硕士。2018年加入志愿者团队并成为核心志愿者，承担项目传播、品牌管理工作。

公益于心，志愿践行青年担当。

精诚打磨，公益品牌塑造出于点滴

打磨，对于教育扶贫志愿项目每一位志愿者来说，都是必经的修行。

缘起5·12

2008年5·12大地震，是项目创立的原点。10年后的2018年初，我有幸加入教育扶贫志愿项目。

与团队初识，正逢5月12日，真正感受到了这个项目的不凡与远见。同样是5月12日生日的我，当天住进了酒店的512房间，也第一次过了一个“公益生日”。

加入传播志愿者团队后，幸运的是结识了众多新闻传播领域的前辈、专家，让我对公益传播有了新的认识。

十余年的项目打磨，让这样一个小而精的公益组织积淀了自己的底蕴，凝蓄着对于山区教育的担当和使命。一年又一年服务教育扶贫，校长奖学金项目和海外学子支教项目在变与不变中，形成了特色品牌，提高了项目竞争力。

团队里每一位志愿者伙伴都在为一件如此有意义的事奋斗，我们成了彼此的有力臂膀。大部分时间我们是一个“线上的团队”，我们之间有默契，校长团队、支教团队、传播团队之间目标一致、紧密配合。疫情下项目开展遇到挑战，在管委会和发起人的及时调整下，依然能够持续为教育扶贫带来新成果。我们强大的志愿者团队，也是项目品牌的核心元素之一。

创新公益品牌

项目名称中的“志愿”二字是在2020年加上的，这表明了我们志愿服务山区教育的决心和对专业志愿精神的重视，同时也是项目全部由志愿者运营管理的体现。在长久的品牌升级策划工作中，我们不断思考教育扶贫项目应该如何更好地承担自己的社会责任，应该以怎样的姿态呈现给社会。

2019—2020财年，我有幸作为传播团队负责人，主导项目品牌升级计划，开展了以网站改版为驱动的项目识别力提升工作。我们建立了品牌升级工作小组，整理既有品牌资产，同时经过反复的线上讨论、碰撞、请教，对项目文化理念、里程碑、校长奖学金项目与海外学子支教项目等进行了创新性总结，项目正式更名为“中国国际民间组织合作促进会教育扶贫志愿项目”，下设旗舰版中，原海外学子支教项目更名为“走进山区教育”，英文名改为“I SEE Initiative”。结合对项目未来发展的思考，我们确定了“以见识成就山区教育”的愿景、“赋能山区教育工作者，开阔学生眼见，共创美好未来”的使命和“仁爱、互助、成长”的价值观，规范了理念识别（Mind Identity，MI）与志愿者行为识别（Behavior Identity，BI）。

同时，作为项目直观的视觉呈现，从文字核心到可视化表达，我们为项目设计了品牌 logo，并推进网站改版，通过确定品牌色、关键元素、《宣传册》、专用传播模板等，对视觉识别（Visual Identity，VI）系统进行了优化和规范，同时培育品牌传播策略，形成品牌影响力。

见过淳朴可爱的校长、博学智慧的授课专家、担当有爱的志愿者伙伴，教育扶贫志愿项目在我心里常常是这样一种形象，臂弯扶持、集合资源为山区教育发展贡献一份力量，因此我在标识中采用了这个意象，同时它也贴合我们仁爱——以爱和公益之心联结山区教育、互助——携手搭建包容开放的合作平台、成长——凝聚团队力量开拓创新性成果的价值观。既为关注山区教育扶贫，便融合了展开的书本与山峰的形态，同时象征远见视野，形成联结上升的趋势；采用浓郁富有生命力的绿色和象征丰收充实的橙色，寓意蓬勃成长发展。

再看项目成果

2020年，项目首本图书《嘉言善行：山区校长谈教育》由中国经济出版社正式出版，汇集50余位曾入选优秀校长奖学金项目的山区“教育家”的教育管理精粹、山区治校之道，以总结性成果反哺山区教育。巩固教育扶贫成果。这本书的出版既使得项目品牌首发亮相大获成功，也成为项目品牌资产的一部分，成为项目有深度的知识性输出。

公益品牌的呈现涉及方方面面：它是项目设计本身的核心竞争力，是公益团队聚是一团火的形象和力量，是品牌的顶层设计和识别力呈现，是项目成果的有力输出……

加入团队3年，千余小时的公益投入，“干中学、学中干”是我作为传播团队志愿者逐渐成长的打磨。从一篇篇新闻稿件的字句斟酌，到项目照片、视频的光影呈现；从《项目手册》的排版制作，到传播品的系统化设计；从项目传播的点点滴滴，到战略传播的深度思考。在实操中由浅入深地认知公益传播，实际参与公益品牌打造，收获颇丰。

“打磨”，是付老师常说的一个词，每一篇稿件、每一个标题，甚至每一个措辞都需要打磨，正如天下大事必作于细，公益品牌亦出于点滴。

精诚打磨，才能使教育扶贫志愿项目保持活力，为山区教育扶贫可持续发展开辟新的道路。在这样一个奉献和温暖的团队中，我愿同志愿者伙伴继续携手服务公益事业。

李 欣

教育扶贫志愿项目财务工作志愿者。立志深耕财税领域，竭力服务所需之人、所托之事。

精神的浩瀚，始于教育；内心的富足，源自付出。做一个简单的人，做一些幸福的事。

“志愿”二字，在我心里悄悄变成了“幸福”

“凡事都有偶然的凑巧，结果却又如宿命的必然。”

上大学时，我常常期盼着暑假去山区支教，一股劲儿地想要去做那样一件充满仪式感的事情。毕业后，我成为一名财务工作者，合同、单据、报表铺天盖地，还有各种各样的专业考试，这些几乎成了我近 3 年来生活的全部。我渴望有一个出口，释放内心。

2020 年 3 月的某个下午，一个电话如约而至。这通长达 4 小时的来电源自身处异国的小涵姐，这让疫情下与世隔绝的我终于脱了“闷”。我好奇地倾听着她对教育扶贫志愿项目的所有认知，尽管那时的我对这一切还很陌生，但心底竟不自觉地有了一种使命感，我想要为那些囿于山川河流的教育者和孩子们做点什么，隐约觉得这或许是我与“出口”之间的连接处。

很庆幸，遇到这群“正能量”的人。在小伙伴们的带动下，我很自然地融入了集体，没有小心翼翼，更没有格格不入。线上会议，是项目 2020 年的核心模式，透过彼此带有地方特色的方言、突如其来的中英文切换、不同的时差和人物角色，我了解着素未谋面的大家，脑补着他们的性格和状态。在志愿者的简介推文里，我才发现这个圈子隐藏了太多低调的“学霸”！欣喜不已！为了不给大家拖后腿，这一年里，我矫正了“久病未愈”的拖延症，还顺势改进了一度令人尴尬的“椒盐普通话”。

一场疫情，让我们更加懂得珍惜和感恩，“隔离”拉开了我们的距离，却聚拢了彼此的心，任何困难在项目组的努力之下终将迎刃而解。记得 4 月至 5 月中旬，项目组针对当时的形势反复商议，如何兼顾大家的安全又有序推进项目进度？如何使入选校长和授课老师的热情不冷却？面对这前所未有的挑战，我们积极制订多套方案，经多方沟通和确认，终于拿出解决办法；为了举办每一次会议，志愿者们总能凑出共同时间，有人倒着时差熬着夜，有人顶着压力加着班，谁都不愿因为自己而影响项目的进展；5 月至 8 月，“举步维艰”正是众多企业的真实写照，而项目依旧陆续收到来自捐方的善款。这份慷慨解囊在这样特殊的时期，越发显得厚重。

作为项目的“财务官”，“让每分钱都花在刀刃儿上”是我的职责。于是，竭力争取资金效用的最大化，精确、压缩、比对贯穿财务生命周期的每个环节。我们会为了节省开销而乘坐汽车、火车，省下的钱能给项目后期带来更多的“安全感”；还会厚着脸皮争取供应商的赞助，省多少是多少……类似的“抠钱计划”比比皆是，尽管节约出的钱微不足道，但我还是忍不住地开心，像是做了件惊天动地的大事似的。

最近的一次凉山调研活动，让我感触颇深，为了更好地巩固项目十余年来的智慧成果，项目组计划将已出版的《嘉言善行：山区校长谈教育》推广传播，以期将成功的治校之道分享给更多山区“教育家”，使这份沉淀的精神财富发挥更大价值。项目组几经商榷后，将活动的首发地选定为四川凉山。为了办好这场活动，我跟即将同行调研的小伙伴做了充分准备，虽然活动最终因为审批、疫情等诸多原因中止，但那段努力的时光是我那一年最“高光”的时刻……

所遇皆可爱，岁月便温柔。内心深处早已对项目有了情感，源于可爱的志愿者，也源于大爱无疆的捐方、排忧解难的管理单位、坚定守护的山区校长、默默付出的授课老师，等等。尽管这些人当中，我只认识一小部分，但这并不妨碍我去阅读每个人的故事。他们都在用自己的方式为项目蓄力，他们让我明白了何为真正的“不计得失”，这一切，似乎让我重拾了儿时对这美好世界的那份憧憬，单纯而美好。

这一年，我的变化很大，给岁月留下了深深的痕迹，而项目伴随与见证了这一切，辞职、亲人离去、结婚、大小考试，太多太多。而今回首，有笑有泪，有花有果，所有的兜兜转转都是“修行”，有顿悟、有成长，自会豁然开朗。渐渐明白：两点一线的生活只为邂逅更好的明天；新的开始不是为了弥补遗憾，而是心底的春暖花开。偶然发现，“志愿”与“幸福”笔画相同，二者最终的归属皆是予人快乐，这或许便是巧合的缘由。

范丹丹

校长奖学金项目志愿者。山东大学统一战线学硕士。2020 年加入团队并成为志愿者，负责项目各方沟通工作。

我们常常无法做伟大的事，但我们可以用伟大的爱去做些小事。志愿服务源于心，献出爱心在于行。

成为一名志愿者，才知道那道光芒从何而来

在不平凡的 2020 年，我有幸遇到了这样一群人——教育扶贫志愿项目志愿者团队，他们带我走进了一个特别的世界，这个世界中每个人都在默默奉献，为山区教育而努力。还是一名学生的我，不善表达，但团队却给了我无限信任，让我扮演起联络者的角色，我在他们的鼓励与帮助中学会沟通，不断成长。去年，我们志愿者团队成功策划组织出版了《嘉言善行：山区校长谈教育》这本书，这个过程不仅让我的沟通能力得到锻炼与提升，也让我体会到志愿者的意义所在。

对我来说，与人沟通并非易事，会遇到形形色色的人和纷繁复杂的情况。我参加项目的第一个任务是联系往届入选

校长奖学金项目的校长们，邀请他们为《嘉言善行：山区校长谈教育》撰稿，我拿着校长名单，内心十分纠结，害怕被拒绝。我硬着头皮开始了第一个通话，打给云南的毛俊峰校长，只记得当我介绍自己是校长奖学金项目的志愿者时，电话那头对陌生人的戒备明显消失，之后仿佛在和很久不见的老朋友聊天。校长爽快地接受了邀请。毛校长的积极回应，给了我莫大鼓励。

记得初次联系云南省的钱冬冬校长时，他兴奋且担忧地跟我说：“我当然愿意参加，但是现在我已经退休，不再是校长身份了，还能参加这个活动吗？”我告诉他：“您能谈谈之前作为校长的一些经验和感悟，就是对我们项目和山区教育最好的支持！”后来，钱校长的文章在书中顺利刊出，他还特意发来信息感谢我。其实需要说感谢的那个人是我，正是他们照亮了“志愿者”三个字，让我们小小的努力也变得耀眼。

我与这些山区校长接触后，了解到他们不仅身负管理学校的重任，而且在疫情期间，他们还要经常到学生家中走访，了解孩子们在家学习的情况。书籍正式出版前，校长们的文章需要一遍一遍进行修改，有不少校长会提前告诉我，由于工作非常忙，可能会忘记及时修改，为不影响工作进度，他们主动要求我经常提醒他们。他们的每一次回应，都是支撑我前行的动力。这是因为我们彼此都站在同一条路上，一条帮助山区孩子寻找未来的大道。

来自黑龙江的杨慧校长在海南省的一处偏僻山村任教，有一次她打电话问我：“你们项目组是否有活动机会让我学校的孩子们也出去走走，虽然他们在海南，但是至今连大海都未曾见过，我想让他们看看这个小世界之外的更精彩、更广阔的大世界，希望以此激发孩子们向上进取的斗志。”这位校长用最质朴的语言说出最真诚的希望，听完她的一番话，我感动不已。

还未参加志愿者活动时，在我眼中，“志愿者”三个字是自带光芒的，它意味着不计较个人利益、热心服务他人、坚持实现个人的社会价值，意味着具备乐于奉献、善于奉献的精神。成为一名志愿者后，近一年的亲身经历不仅验证了当时的想法，更让我逐渐看到那道光芒从何而来。

每个人都看似平凡而渺小，但是当我们因共同目标而走到一起时，就产生了 1+1>2 的合力。沟通是一座桥梁，搭建起从“我”走向“我们”的道路。“我们”不仅是校长奖学金项目志愿者团队、各位校长，还有所有走在相同路上的你们，千千万万为山区教育美好未来而奋力拼搏的所有人。

郭亚楠

教育扶贫志愿项目授课讲师。影视制片人，编剧，作家，词作人。毕业于中国传媒大学及西班牙穆尔西亚大学。上海德那文化传媒有限公司创始人，英国 The Cavern Club 中华区 CEO。

丝丝缕缕的希望，是要寻觅灯塔的明光

我总是不断回想起 2009 年在四川省什邡市红白中心小学所见的那一幕。

那天下午，体育总局过来办一场活动，孩子们要进行各项体育表演。不同年级的学生先后表演了课间操、呼啦圈集体舞、篮球等，到有竞赛的项目时，两侧坐着的低年级学生无不紧张到攥手捏汗。

待散会时，我还看到了前一日与我交谈过的一个学生，10 岁上下的年纪。交谈时他没有站起来，现在他站起来了才看清楚，拄了双拐，校服的一条裤腿是空的，卷上去系上了。

“我们需要为他们做很多事情，虽然做得再多都是不够多的，但哪怕只做一点点也都是有意义的。”我身旁的志愿者忍不住发出了这样的慨叹。

作为一名早期的志愿者，我有幸曾参与到一线支教的行动中去，用“创意写作”这个课程去激发孩子们的想象力。非常感谢项目发起人付敬老师，可以给到我这样一个机会。人生在世总是很容易索取，但有机会去付出时，其实才是最大的幸运。

当时红白中心小学以及周围地区的环境相当恶劣，一切都在恢复与重建。大家在临建板房里住宿和学习，踏着泥泞的沟坎往返。我总想起几位老师面对艰难环境所表现出的幽默、乐观，以及教育孩子时的认真与尽责。

同情心与爱心总是容易产生的，但能够将实质性的帮扶工作高效且长久地贯彻下去，所需要的是更大的社会责任感。我们当时也会频频探讨，当前环境下，我们能给予什么帮助？如何给予帮助？如何将零星的火种留存，使之终有一日得以燎原？

一位班主任的话曾经引起大家的深思——“班上的学生一半觉得自己只是在耗时间，觉得也无所谓。好的毕业了找个职业学校，蹭个技校出身能去套个饭碗，也就这么混日子下去。学生的家长也不督促他们——一些家长也就是在镇上做些小买卖或者出去打工，本身也没用上知识，眼前的出路反正也就这么些，所以也就懒得要求孩子学习优异了，所以问题的关键还是来自家长，他们本身就不认为念书是重要的。”

这些问题的背后是什么，值得我们深思。

可喜的是，教育扶贫志愿项目采取奖学金机制，为山区优秀校长提供前沿国际教育视野，以及协助提升其领导力，立足于儿童教育的核心顶点——校长，秉承“仁爱、互助、成长”的价值观，归纳出幸福校园、国际视野、领导力、人文科技四大模块，用这样的集中课程方式去促成多元化的全方位提升。最为宝贵的是，这样的路，十几年大家风雨同舟地走下来了。

一位好校长就是一所好学校。每一个孩子、每一堂课、每一次感动、每一次关于完善教育方法的探索，丝丝缕缕的希望，聚到一起，成为寻灯塔的明光。每一次与校长们上课，互相交流，聆听各位校长的治学经历、信念与理念，每次上课给出一点知识，收获的，是无尽的激励与深思。

谭　轩

毕业于北京外国语大学法语系，大学期间派赴比利时布鲁塞尔高等翻译学院作为交换留学生进修，后赴比利时新鲁汶大学攻读欧洲研究专业。曾积极参与欧洲联邦主义运动，于比利时创立或运营数个非政府组织。现就职于比利时 Atlas Hiseas 公司，并承担中国—欧盟文化艺术节组委会实际运营工作，活跃于中欧人文交流领域。现居比利时布鲁塞尔。

海外学子支教项目：滋养视野、延展人生

亲爱的同学们：

一个星期的时间并不长，时间刚够你结交新朋友和生发对英语的喜爱。希望你在这个夏天能同时实现这两点。

你将以一种完全与自己习惯不同的方式学习英语，从而打开看待语言的全新视角。我希望能激发你深入探索英语世界的热情，而这会启发一段漫长而快乐的旅程。

只要你勤勉不辍，整个世界就会向你敞开大门，但请记得，

在这一过程中要享受自己。

玫瑰老师

Dear Students,

A week is not a long time, it is just enough time to make new friends and fall in love with English. I hope that you will do both this summer.

By learning English in a style that is completely different to what you are used to, you will view language in a new way. I hope that this will inspire you to delve into the world of English and that this will be the start of a long and happy journey.

If you work hard a whole world of opportunities will open up for you, but remember to enjoy yourself along the way.

Laragh

这是海外学子支教项目团队首位外籍志愿者 Laragh Widdess 写在自编英语教材前的导语。

2012 年的夏天，经中国日报欧盟分社时任副社长付敬老师推荐，我和好友 Laragh 决心加入海外学子支教项目团队，成为一名教育扶贫志愿者。彼时，我在欧洲的学业接近尾声，正在为未来踌躇，起初只是单纯被付老师的热情感染，参与只为多一份体验。不曾想，在甘肃白银四龙村的星空下，我暗自决定在项目上扎根，无论未来工作和生活安排如何，以后 5 年的每个暑期均亲身进入一线团队随项目走进合作学校。2012 年至

2016年，我先后作为志愿者教师参与甘肃白银、云南泸西、河南蔚氏、四川通江以及安徽萧县（因当年洪水灾情取消）的“七彩英语周”夏令营活动。2016年以后，我离开一线团队，默默关注伙伴们的这份事业。

作为一线志愿者与项目同行5年，我对“事业”这两个字的认识发生了许多变化。初入团队，我以为“事业”两字背后是高尚的使命感，公平正义是我们教育扶贫的价值追求，务求“让每个孩子都有出彩的机会”。志愿者在暑期项目期间驻扎在学校，力求引导孩子“开眼看世界”。确实，一线志愿者为了能抵达项目学校，坐过摩托车、面包车、乡村公交、拖拉机等多种多样的交通工具，亲自体验了中国偏远地区交通和信息通道的相对闭塞，因此更感觉参与到这样一份事业中的自己身后有“光环”。然而，在村子里的日子久了，愈觉着孩子们自有他们的天真和快乐，“光环”应属于长期驻守在当地的教师和基层干部。真正从项目受益的其实是我们这群受邀而来的陌生人。

真正站在孩子们中间才发现，被点亮的终究是自己。他们或羞赧腼腆，或率真淘气，却无一例外地充盈着勃勃生机和似乎用之不竭的好奇心。我们在夏令营项目中曾多次选用皮克斯动画工作室出品的电影《飞屋环游记》，不厌其烦地讲述梦想的意义，每一年都坚持邀请孩子们写下自己的梦想。志愿者们的固定欢乐时光便是阅读孩子们的梦想，顺便回望自己脚下的人生——而孩子们的世界是如此深广！曾有孩子朴实地写道，希望走出这片黄土，成为合格的教师后再返回故乡执教，就跟志愿者老师们一样。

志愿者们少有教育出身的年轻人，大家来自天南海北，各自经历和人生状态不尽相同，聚在一起贡献爱、知识和志愿精神。为什么回到乡村？为什么在这个时候回到乡村？海外的中国志愿者们聚集到这个项目上，因为他们明白眺望世界的同时，也要回望故乡，看到立体多面的中国，以此确认脚下的路和行进的方向。外籍志愿者则拨云见日，摸摸“中国龙”的脉搏，借这扇窗见到中国的真容。我记得 Laragh 便是第一次通过项目接触到中国乡村的基层治理。在海外学子支教项目后来数年的经历，进一步拉长了我的视线，有幸领略到小康路上中国农村的新样貌，见证中国乡村建设和减贫事业的发展，甚至乡村发展和环境问题——“金山银山”与“绿水青山”观念的最终统一。

这实在是一段明亮的日子。这一小段路，纵然短暂，却足够美好。每一年的暑期，一样的苍穹里繁星密布，一样的夜空中银河明媚，就在我们之上。

借用付敬老师几年前分享的一句寄语：“欢欣、成就和过失都属于昨天。”

期待下一个十年。

Laragh Widdess

2012年7月，27岁的Laragh赴中国甘肃参加了海外学子支教项目（I SEE Initiative）。她是英国人，时居比利时布鲁塞尔，也是海外学子支教项目第一位非中国籍志愿者。此后，她先后在以色列特拉维夫、英国伦敦和法国巴黎生活。

支教给了我一次深刻的情感体验

2012年7月，奥运会正在我的家乡伦敦如火如荼地进行。自行车运动员从我祖母家门前飞驰而过，我母亲入驻奥运村，每天都要和不同的运动员见面（协助他们化妆，准备接受电视采访）。而我身处世界的另一端，中国偏远的省份之一，就连我的中国同事也对这个地区感到陌生。在甘肃这个名叫“四龙”的小村子里，沙土山丘环抱着我们，同一时间，奥运自行车运动员沿蜿蜒起伏的赛道，穿行在英格兰绿丘①之间。

然而彼时彼地，我不思恋那些绿丘的优美，也并不渴慕奥

① 译者注：伦敦奥运会包括公路自行车赛，在伦敦乡间举行。

运会的热烈。我们在四龙村礼堂前的小操场举办了自己的奥运会：“运动员”都是当地的孩子们；“国家队”是我们过去一周各自任教的班级小组；“比赛项目”则是专门设计的结合传统田径运动元素的英语问答题。当然了，志愿者老师们也扮演了裁判员、仲裁员和评委的角色。最终，比赛颁出“金、银、铜牌”。我想，孩子们一定喜欢这个英语周的落幕活动，甚至远胜于他们观看真正意义上的奥运会。我也跟孩子们一样。

四龙的生活并不容易。土壤干燥，人们从当地的水泵里取水，最近的城市是白银市，一个 30 公里之外不到 100 万人口的城市。黄河滔滔穿过尘土飞扬的荒滩，村里的孩子们在阳光下帮家人干着农活。不用说，陌生的访客们在这些家庭里都会受到最令人感动的欢迎。我们受邀到别人家聊天、喝茶、吃西瓜。临走时，人们总留我们再多待一会儿。

村里以前的学校已经撤了，留下的校舍现在用作村礼堂，暂时供项目使用。我们发现了沉睡中的教室：一切都覆盖着一层厚厚的灰尘，地上堆满了树叶，但黑板、桌椅都齐全，似乎还在那里等待着被使用。我们迎来了约 70 名学生，他们都来自村里或邻近地区，年龄在 9 到 14 岁之间，分成 3 组。我和其他 7 名志愿者一起组织并讲授了 7 天所有的英语课程。几乎每一个醒着的时刻我们都在教学生，和他们一起玩耍，或是准备接下来的课程。志愿者们从孩子们身上汲取了无限的能量和热情。在这里，我们得使用旱厕，忍耐让人无处可避的暑热——所有这些本来都会让时间显得漫长。然而孩子们却让这些日子充满着无上快乐。

对知识的渴求和对拓宽视野的热望，是所有孩子共有的品质。但要实现这些愿望，四龙的孩子们比大城市里的同龄人面临更多障碍。海外学子支教项目便是对这一事业的一个微小而又重要的贡献。这是四龙的孩子们第一次见到外国人，一个以英语为母语的人。这也可能是他们第一次与来自中国主要城市、拥有大学学历以及海外留学经历的同胞们深入互动。他们还体验了年轻教师们的教学方法，志愿者们通过玩耍、游戏、美术和手工操作开展教学，广泛鼓励表达，培养自信。孩子们在一周时间里看见一个不同的世界，度过了一段欢乐而美好的时光。当项目落幕之时，有许多人流泪了——这更说明，项目对我们所有人来说都是一次深刻的情感体验。

每每翻看当时保存的日记（想来为记录项目经历而在疲惫的日子里熬夜确是值得的）和来自学生们的礼物，我不禁思索，孩子们现在都在哪里，他们都在做什么，我们的暑期教学究竟带给了他们什么影响？回想起来，那是我成人生活中最具塑造性的经历之一。坦率地说，当我回头看看年轻的自己，也会疑惑："我到底是怎么做到的?!"然而，每次有人问起我的丈夫叫我"méiguī"（玫瑰）的缘由，我都解释说，那是我在四龙村的学生们给我起的名字："méiguī lǎoshī"（字面意思是"玫瑰老师"，也可以理解为"玫瑰小姐"）。我拥有一个能很轻松译入中文的中间名 Rose（玫瑰）（不同于我的名字 Laragh），但身边的其他中国朋友和志愿者老师都不愿意给我起中文名“méiguī”，就因为“玫瑰”这名字听起来感觉不对，早已过时了。因此，我一直没有正式中文名。但在四龙不一样，四龙的时间节奏好像慢一些，现在还有叫“建国”的孩子，所以“méiguī”（玫瑰）这样的名字听起来刚刚好。与我的丈夫相遇时，他很喜欢这个故事，因此开始叫我“méiguī”而不是“Laragh”，并且一直叫到今天。真希望能将这些告诉四龙的孩子们。

我很高兴海外学子支教项目不断发展壮大，相信在中国各地还有成百上千的孩子与来自世界各地的志愿者因为项目相遇，触动彼此的生命。海外学子支教项目最让我惊讶的是，来自外国的年轻教师和山区的学生，能够在如此短暂的时间里跨越语言和文化的障碍，建立起深厚的情感联系。我非常感谢那些给我机会体验这种感觉的人们。

扫码阅读英文原文

聂子瑞

中国日报社资深美籍记者，中国政府友谊奖最年轻的获奖者。目前已出版多本关于中国的书，最新作品为《太阳升起——“美国小哥”见证中国扶贫奇迹》。聂子瑞制作的关于中国的视频也深受观众喜爱。

一段寻找自我的旅程，一个传播温暖的故事

我非常感激有机会参与教育扶贫志愿项目，并从中收获，回忆和友谊。我很开心看到这些年教育扶贫志愿项目的蓬勃发展，无论是硬件建设还是软件帮扶，它都对改善山区教育产生了积极影响。

至今，我仍与其中一位名叫“薛晨”的学生保持联系，我们正因为教育扶贫志愿项目结识的。与我见面后，他意识到英语不仅是一门课程，而且是与世界交流的工具。他在我提出的一个课堂项目中写道，他希望成为一名导游并带外国人到中国来。（我是他遇见的第一个外国人，那时他并没有去过很多地

方。）他长大后实现了这个梦想，并在过去几年将外国人带到了中国西部古老的丝绸之路。而且，最近听说，他在成都创办了一所英语培训学校。他真正摆脱了地震灾区的噩梦，实现了自己的梦想。

正如我在《太阳升起——“美国小哥”见证中国扶贫奇迹》一书中所写的那样：

正在读大二的薛晨总结了学生们的精神：“我们必须保持前进，永不放弃！”薛想掌握英语，并成为一名导游，结识来自世界各地的人们，向他们展示他的国家，尽管他本人几乎没有离开过他的家乡。我是他和他的同学们遇到的第一个外国人。薛实现了这个梦想。他最喜欢的游览活动是将外国人带入相对落后的青藏高原和古老的丝绸之路。在我第一次见到他大约10年后，他告诉我：“我有一个梦想，我学习并努力工作……我热爱自己的工作。”他邀请我参加他的婚礼。薛当时告诉我：“当我看到有很多人比我们还穷时，我会更好地珍惜我的朋友和家人。”

他用英语在他的导游简介中写道：“有些人去了一个全新的地方，试图在迷失生命后找到自己。”

我认为经历过2008年汶川大地震的任何人都会在短时间内感到迷失了方向，不知道有谁不会如此。然而，多年后，薛晨给我写信说：“但是，对我来说，旅行应该是一个故事或纪录片。一个关于我自己的故事，一个传播温暖的故事，一个讲述自己经历的故事。为了这个故事，我离开了家人和朋友，穿越牧场，从成都到拉萨，爬上了冰雪覆盖的山脉。”

其实，薛晨这些年的故事与教育扶贫志愿项目志愿者的经历非常相似——一段长达数年的心灵之旅，都是为了创造更美好的生活。

扫码阅读英文原文

Ella Monck

出生于英国，在日内瓦长大。毕业于伦敦国王学院战争学专业。很珍惜、享受自己在山区做志愿者的时光，也很期待再寻找合适的机会重返山区与孩子们更多地交流互动。

带着吉他去支教，是一个明智决定

音乐一直是我与世界交流的方式，因此当我获得去中国支教的难得机会时，带上心爱的吉他是一个明智的决定。

我的吉他为我提供了一种与孩子们互动的方式。在前往中国之前，我想到教他们一些英文歌曲。我收录了我小时候喜欢的简单歌曲，还有《狮子王》和《亚里士多德》的歌曲，还有一些流行歌曲。

借助吉他，我与孩子们进行了一些非常有趣的互动。我向他们展示了如何弹奏，并通过朱莉·安德鲁斯（Julie Andrews）的经典作品 *Do-Re-Mi* 教授他们基本的音乐理论。通过教孩子们唱歌，孩子们可以更加自信地去表达自己的心声。最开始的时候，这群孩子很不情愿。后来，经过几天的相处，学会了泰勒·斯威夫特（Taylor Swift）的经典《爱情故事》（孩子们称其为“罗密欧与朱丽叶之歌”）后，他们变得越来越喜欢唱歌。孩子们可能没有意识到，他们的英语发音更标准了。

所有的志愿者都展示了不同的才艺。这些孩子在英语课上学了折纸、舞蹈和表演。我对旅行的最美好的回忆包括所有志愿者在用餐时间都挤在桌子旁。他们带入教学中的能量是非常有感染力的。当我教孩子们唱歌时，他们帮忙把我的英文歌翻译成汉语并一起跟唱。志愿者们都全身心地投入到教学中，这从孩子们上课的态度和他们明显提高的英文水平就能看出来！

“旅程”结束时，我、孩子们和其他志愿者都对 *In the Jungle* 首歌厌倦了，因为每个人都演唱了无数次。尽管如此，说再见时还是依依不舍。虽然只有两个星期，但我们花了很多时间陪伴孩子，我们对彼此都产生了深厚的情感。看到他们对学英语的信心在两个星期就增长了很多，真是有些不可思议。我认为每个人都从这段“旅程”中收获了很多，不仅是孩子们，还有志愿者们。我相信这将成为每个人心中难以忘怀的珍贵经历。

扫码阅读英文原文

附录

教育扶贫志愿项目历年参与者

入选校长及其所在学校

2010 年（15 人）

谢勋川　安徽省宿州市灵璧县梁集初级中学

张正兰　安徽省宿州市萧县丁里镇武寺小学

纵团结　安徽省宿州市萧县官桥镇皇藏峪小学

王绕永　云南省红河哈尼族彝族自治州泸西县旧城镇督捕抚小学

周志平　云南省红河哈尼族彝族自治州泸西县旧城镇青禾小学

王志平　云南省红河哈尼族彝族自治州泸西县旧城镇秧田坝小学

马关乔　云南省红河哈尼族彝族自治州泸西县旧城镇中心校区

李晓红　青海省海西蒙古族藏族自治州乌兰县第三中学

才仁求培　青海省玉树藏族自治州曲麻莱县曲麻河乡寄宿学校

罗松江措　青海省玉树藏族自治州曲麻莱县叶格乡寄宿学校

陈柏伉　　四川省巴中市巴州区白庙乡中心小学
邱天云　　四川省德阳市旌阳区千秋中学
洪　波　　四川省德阳市旌阳区东泰小学
程世林　　四川省什邡市红白小学
李　俊　　四川省巴中市通江县杨柏镇杨柏九义校

2011 年（16 人）

吉达加　　青海省黄南藏族自治州同仁县曲库乎寄宿学校
羊永强　　青海省黄南藏族自治州尖扎县民族中学
索南措　　青海省黄南藏族自治州同仁县年都乎中心完全小学
张国贤　　青海省黄南藏族自治州第二民族中学
王爱文　　甘肃省白银市白银区第十一小学
苏维华　　甘肃省白银市白银区四龙学区金山中心小学
韩荣善　　甘肃省白银市白银区第二中学
王　竹　　四川省巴中市巴州区白庙小学
高怀阳　　四川省巴中市通江县第六小学
夏辉国　　四川省德阳市岷江东路逸夫学校
邓惠茹　　四川省德阳市中江县凯江中学校
杨　辉　　安徽省宿州市萧县丁里镇瓦河小学
侯清彬　　安徽省宿州市萧县丁里镇武寺小学
李洪庄　　云南省红河哈尼族彝族自治州泸西县旧城镇木龙小学
郭石平　　云南省红河哈尼族彝族自治州泸西县旧城镇三河小学

何晓勇　　云南省红河哈尼族彝族自治州泸西县旧城镇树勋小学

2012 年（17 人）

阿　丁　　青海省玉树藏族自治州囊谦县第一完全小学
永　红　　青海省玉树藏族自治州职业技术学校上巴塘附属小学
杜　平　　青海省海西蒙古族藏族自治州乌兰县第一中学
阿荣娜　　青海省海西蒙古族藏族自治州德令哈市实验小学
丁帮豪　　贵州省黔东南苗族侗族自治州从江县往洞乡中心校
梁红旭　　贵州省黔东南苗族侗族自治州从江县刚边壮族乡加么小学
吴　静　　贵州省黔东南苗族侗族自治州从江县贯洞中学
谢乔德　　云南省红河哈尼族彝族自治州泸西县旧城镇中心校区
廖陈春　　云南省红河哈尼族彝族自治州泸西县旧城镇路溪白小学
王昕晖　　甘肃省甘南藏族自治州舟曲县第一中学
王　坚　　安徽省宿州市萧县杜楼镇王台子小学
孙伟霞　　河南省开封市尉氏县大桥乡马庄小学
郭君英　　河南省开封市尉氏县大桥乡孔家小学
杨永生　　四川省巴中市通江县杨柏小学
邓建国　　四川省德阳市旌阳区孝感中学
李代强　　四川省德阳市旌阳区孟家学校

张晓华　　四川省巴中市通江县陈河乡中心小学

2013 年（16 人）

孙启宗　　青海省西宁市湟中县鲁沙尔第二小学

孙万峰　　青海省西宁市湟中县李家山中学

达哇才仁　青海省玉树藏族自治州囊谦县第三完全小学

王海龙　　安徽省宿州市萧县杜楼镇中心小学

石　琳　　安徽省宿州市萧县丁里镇武寺小学

汪姝慧　　安徽省宿州市萧县杜楼镇彭村小学

丁张玉　　河南省开封市尉氏县邢庄乡邢楼小学

王文平　　云南省红河哈尼族彝族自治州泸西县旧城镇秧田坝小学

张绕生　　云南省红河哈尼族彝族自治州泸西县旧城镇大板桥小学

赵学勇　　云南省红河哈尼族彝族自治州泸西县旧城镇冲子小学

梁　丹　　贵州省黔东南苗族侗族自治州从江县洛香镇初级中学

梁辉波　　贵州省黔东南苗族侗族自治州从江县贯洞镇中心小学

王良彬　　四川省巴中市通江县涪阳中学

杨朝东　　四川省巴中市通江县草池小学

王　琴　　四川省德阳市绵竹市天河小学

米运舟　　四川省德阳市旌阳区德新初中

2014 年（17 人）

桑杰扎西　青海省黄南藏族自治州同仁县力吉寄宿学校
夏吾仁青　青海省黄南藏族自治州同仁县麻巴学区浪加完全小学
荣增前　青海省海西蒙古族藏族自治州格尔木市大格勒中学
俊　花　（多吉卓玛）青海省海西蒙古族藏族自治州天峻县第二民族寄宿制中学
毛俊峰　云南省红河哈尼族彝族自治州泸西县旧城镇乐业小学
钱冬冬　云南省红河哈尼族彝族自治州泸西县旧城镇督捕抚小学
袁兴龙　安徽省宿州市萧县杜楼镇中心学校
王　峰　安徽省宿州市萧县黄庄初级中学
田青梅　河南省南阳市西峡县城区第一小学
周首忠　河南省南阳市淅川县海信希望小学
高德祥　四川省成都市浦江县大兴镇九年制学校
周　涛　四川省巴中市通江县第三完全小学
代明国　四川省德阳市中江县民主乡中心学校
韦　婷　贵州省黔西南布依族苗族自治州册亨县威旁乡中心学校
范长山　黑龙江省齐齐哈尔市梅里斯达斡尔族区达呼店镇中学校
陈丽红　黑龙江省齐齐哈尔市梅里斯达斡尔族区哈拉达斡尔

族小学校

孟庆杰　黑龙江省齐齐哈尔市梅里斯达斡尔族区共和民族中心学校

2015 年（16 人）

本巴太　青海省黄南藏族自治州尖扎县第一民族寄宿制学校

索昂它次　青海省玉树藏族自治州曲麻莱县秋智乡小学

才普措　青海省玉树藏族自治州曲麻莱县第二民族完全小学

阿　斌　青海省玉树藏族自治州囊谦县尕羊乡小学

何光府　四川省巴中市通江县第七小学

景　华　四川省巴中市通江县火炬镇中心小学

周　瑞　安徽省宿州市萧县庄里乡赳沟小学

杜彩云　安徽省宿州市萧县官桥镇皇藏峪小学

徐观兵　安徽省安庆市岳西县响肠中心学校

刘玉芳　贵州省黔西南州布依族苗族自治州兴义市顶兴学校

李　威　贵州省毕节市威宁彝族回族苗族自治县羊街镇银河小学

卯忠芬　贵州省毕节市威宁彝族回族苗族自治县哲觉镇海田小学

印代凤　湖南省怀化市沅陵县陈家滩乡九年一贯制学校

杨金元　云南省大理白族自治州永平县龙门完全小学分校海星小学

王建新　黑龙江省齐齐哈尔市梅里斯达斡尔族区雅尔塞中学

唐洪浩　山东省临沂市兰陵县磨山镇东三峰小学

2016 年（16 人）

李芳芳　陕西省西安市周至县终南镇双明小学

潘修明　云南省昭通市彝良县荞山镇中心学校

杨忠云　四川省成都市蒲江中学实验学校

蒲芙蓉　四川省巴中市通江县实验小学

昂　旦　青海省黄南藏族自治州同仁县多哇学区尖德寄宿学校

完么才让　青海省黄南藏族自治州同仁县保安学区全都完全小学

才仁闹布　青海省玉树藏族自治州囊谦县第二民族寄宿制藏文中学

杜明伟　河南省洛阳市嵩县饭坡镇青山村小学

朱松利　河南省洛阳市嵩县库区乡翟河小学

杨　森　甘肃省定西市安定区张湾中心学校

邵锦堂　甘肃省定西市安定区李家堡学区

王希斌　黑龙江省齐齐哈尔市梅里斯达斡尔族区达呼店镇中学

黄　诚　贵州省毕节市威宁彝族回族苗族自治县五里岗街道骑龙小学

简　阅　重庆市合川区杨柳街小学

韩英翔　河北省石家庄市行唐县第一中学

于振峰　河北省石家庄市行唐县玉亭中心校区

郭振平　河北省石家庄市行唐县第五中学

2017 年（15 人）

安旺龙多　青海省玉树藏族自治州囊谦县吉尼赛乡麦曲联村学校

曹彦如　河北省邯郸市涉县第二中学

戴宏燕　新疆维吾尔自治区和布克赛尔蒙古自治县第一小学

黄　珲　四川广安市前锋区代市镇梭罗小学

尕日玛　青海省果洛藏族自治州果洛藏族自治州小学

贾进东　河南省南阳市方城县袁店回族乡尚台回族小学

李红莲　四川巴中市通江县苗南中心小学

李鸿云　甘肃省临夏回族自治州积石山县肖红坪小学

罗敏琴　贵州省毕节市威宁彝族回族苗族自治县哲觉镇茨海小学

土登次仁　西藏自治区昌都市察雅县吉塘镇中心小学

王官却　青海省海北藏族自治州门源回族自治县西滩乡寄宿制小学

王书辉　四川省广安市邻水县新镇乡中心学校

吴天书　四川省成都市龙泉驿区第四小学

赵家林　云南省昆明市富民县永定中心小学

钟泽学　安徽省安庆市岳西县响肠镇石化希望小学

2018 年（18 人）

胡玉梅　陕西省西安市周至县终南镇双明村小学

陈　达　四川省巴中市平昌县实验小学

范呈碧　山东省聊城市临清市艾寨丕介学校

付红卿　　甘肃省定西市安定区李家堡中心小学

贾健维　　四川省巴中市通江县泥溪初级中学

孔庆寿　　青海省海北藏族自治州门源回族自治县泉口镇寄宿制小学

李怀昌　　四川省巴中市通江县第三中学

李英杰　　山东省聊城市临清市先锋办事处中心小学

刘晨义　　河北省石家庄市灵寿县第二初级中学

刘金圣　　江西省赣州市会昌县白鹅乡初级中学

刘尊峰　　新疆维吾尔自治区塔城和布克赛尔蒙古自治县和什托洛盖镇九年一贯制学校

马奋魁　　甘肃省临夏回族自治州积石山县关家川学区宁家小学

裴春尖　　贵州省毕节市威宁县麻乍镇二田小学

祁儒祾　　青海省西宁市湟源县城关第二小学

曲木拉沙　四川省凉山彝族自治州越西县尔赛乡中心小学

王德贤　　河北省张家口市怀来县瑞云观乡中心校

王秀怀　　云南省昭通市彝良县荞山镇田坝村则麦小学

张尧煌　　江西省赣州市会昌县庄埠中心小学

2019 年（18 人）

陈海昌　　四川省巴中市通江县实验小学

冯海燕　　陕西省宝鸡市高新区马营镇燃灯寺小学

冯喜明　　山西省长治市平顺县平顺中学

格日扎西　四川省阿坝藏族羌族自治州若尔盖县若尔盖县中学

李富胜　青海省海北藏族自治州门源回族自治县泉口镇寄宿制小学

李志磊　河南省商丘市梁园区谢集镇王二保小学

刘　波　四川省广元市旺苍县万山乡中心小学

鲁　义　新疆维吾尔自治区塔城地区裕民县阿勒腾也木勒乡牧业寄宿制中心校

马　芹　山东省聊城市临清市民族实验中学

马双军　河南省开封市尉氏县第三中学洧川校区

马祥得　甘肃省临夏回族自治州东乡族自治县苏孟学校

马忠明　青海省海东市循化撒拉族自治县西路军红军小学

毛学兰　四川省凉山彝族自治州西昌市梧桐树小学

牛茂坤　内蒙古自治区呼伦贝尔扎兰屯市繁荣小学

欧周才仁　青海省玉树州囊谦县吉曲乡瓦江联村小学

吴新忠　黑龙江省双鸭山市宝清县八五三农场清河中学

吴潮山　江西省赣州市会昌县清溪中心学校校长

杨传富　山东省临沂市郯城县马港口小学

2020 年（18 人）

刘福强　山东省临沂市罗庄区傅庄街道徐林小学

刘玉莉　山东省聊城市临清市京华附属小学

黄建强　山东省临沂市沂水县马站镇第二小学

杜冠鹏　河南省安阳市滑县大寨乡小田小学

贠发群　河南省开封市尉氏县庄头镇中心学校

柳书林　河北省石家庄市灵寿县慈峪中学

孟令起　　河北省沧州市泊头市富镇张屯小学
匡小兰　　江西省吉安市泰和县上模乡中心小学
蔡敏胜　　江西省赣州市会昌县高排中学
任建龙　　甘肃省定西市陇西县汪家门小学
马治平　　甘肃省天水市张家川回族自治县恭门镇古土小学
李高军　　陕西省商洛市柞水县乾佑街道马房子小学
王　俊　　陕西省宝鸡市扶风县天度镇南阳小学
杨　慧　　海南省琼中黎族苗族自治县新进中心小学
李广杰　　吉林省白山市抚松县仙人桥镇中心校
陈　勇　　湖南省邵阳市隆回县岩口镇藕塘完全小学
韩明钊　　新疆维吾尔自治区塔城地区裕民县第二中学
乔　伟　　黑龙江省齐齐哈尔市梅里斯达斡尔族区雅尔塞中学

授课讲师

2010 年

古　典　　金韵蓉　　梁伯龙　　刘忠佑（Kevin Liu）
杨旭生　　姚文俊　　于　健　　张建宇　　赵祥宇
庄晨燕

2011 年

陈建荣　　储朝晖　　高益民　　高振松　　古　典
胡利群　　廖杏娥　　林　红　　杨煦生　　于　硕
张巨河　　庄晨燕

2012 年

陈乐生　　胡利群　　李　琳　　孙　伟　　孙云晓
王文利　　薛　澜　　于　丹　　于　硕　　张巨河
周文重　　庄晨燕

2013 年

Martin Schoehals　　胡利群　　金韵蓉　　李　莉
梁伯龙　　孙云晓　　王　鹏　　于会祥　　于　硕
张巨河

2014 年

Dennis Pamlin　　戴　玮　　冯　殊　　姜　彤
李春雨　　李　莉　　刘雪枫　　茅玉麟　　彭　艳

齐　欣　　王　红　　王渝生　　于会祥　　于　硕
张巨河

2015 年

Erik Nilsson（聂子瑞）　白沁文　　陈建荣　　高亚楠
金韵蓉　　李　莉　　彭　艳　　田　薇　　王　红
王若鹰　　王渝生　　吴黎明　　许振洲　　于　硕
张巨河　　张晓明

2016 年

陈中原　　戴　玮　　李思澄　　刘勇武　　龙云君
谭杰夫　　王若文　　王学湛　　王渝生　　吴一禾
于　硕　　张巨河

2017 年

Jean-Pierre Lehmann　　曹严华　　陈道永　　陈志良
董秀康　　金韵蓉　　李思澄　　李煜东　　刘　芳
龙云君　　齐　欣　　丘　璇　　王香奕　　王有强
吴黎明　　吴一禾　　杨　林　　张　颖

2018 年

Erik Nilsson（聂子瑞）　戴　玮　　蒋小燕　　金韵蓉
刘　芳　　孙云晓　　吴黎明　　吴一禾　　夏　梦
严　俊　　杨　林

2019 年

Cody Abbey（艾文）　David Gosset（高大伟）　曹彦如

成浚文	褚宏启	郭亚楠	韩秀明	金韵蓉
李纪为	李思澄	刘小涵	孙云晓	王有强
韦庆媛	吴黎明	吴一禾	郑　磊	

2020 年

贲圣林	蔡虹冰	曹伟林	常向群	郭毅可
胡　博	黄湘雯	金韵蓉	李思澄	廖丽珍
刘燕华	卢　红	逯高清	宋慎之	吴一禾
姚树洁	张海晏	张　颖	郑　磊	

志愿者

付 敬	陈燕红	孙国徽	杨 翠	彭晓波
罗丽婕	尹显金	Erik Nilsson	王 蓉	张 绮
罗小平	张海燕	朱学昭	王若鹰	王 铮
吴 燕	李 丽	王海涛	陈卫华	陈汝谦
郭巍青	钟晓慧	郭亚楠	林淑娟	程婧幂
韩 哲	李占国	王 申	朱永超	曾益洲
张 叶	彭凤文希	王 婵	马明芹	张秋艳
李晓鹏	刘博涵	梁伯平	王 凌	陆 阳
邱金贝	朱 蓓	刘金芳	胡梅芬	徐沈怡
王丹娜	张海鸥	朱媛媛	陶棋然	石冬琳
王志良	赵奕翔	何 娟	赵晗冰	骆 腾
杨 名	王梓楠	连御言	马春月	吴 妍
刘子豪	蒋明霞	石琪琪	赵艺男	西村洋
杨青虹	杨青云	万松琳	谭 轩	刘 力
程诗灿	刁海欣	李雪菲	郑 静	罗浩文
王 腾	张翰文	邱明子	周 涛	彭 杨
柯义方	杨利华	柴王凯	马 跃	郭子楠
张钰典	李御智	陈红玲	韩 笑	毛倩雯
邢喜凤	燕 环	吴 珂	缪佳雯	吴瑞梵
朱一琪	程飞燕	李建蓬	薛智洋	杨明聪
王少泽	梁立湘	鲍 迪	吉 静	赖 爽

石慧芳	王静怡	杨　可	朱晓蕾	刘晏余
任俊如	易　成	庹思伟	刘艾琪	雷　慧
唐蔚蓝	王维婕	胡绍雯	顾妤斐	高英博
黄书宇	李　欣	孙浩冉	Laragh Widdess	卢虹伶
顾嘉怡	李　兰	余梦蝶	王之栋	颜佳莹
郑　洋	何思静	孙　涵	鄢　敏	冯熹宇
张　忱	田　亮	胡媛玲	王亚轩	夏　天
金海伦	马娜娜	梅海栗	刘静怡	吴　忱
宋思霓	李珈琪	胡洛菲	刘可濛	刘小涵
郑一玮	江　宁	徐　风	张　彭	卢　瑶
付梦瑶	马晓丽	石佳颖	李廷辉	于文彬
巩　琪	刘红展	Ella Monck	肖冉岘	张　菁
王志灼	赵　静	张若琪	徐靖泽	王钰冰
陈临潇	韦　苑	刘烨霖静	周　萌	陈欣然
潘　莉	陈　晨	范丹丹	李芷昕	王丽聪
李玟涵	廖玉雯	甄楚琪	郭　鸽	太拜苏姆
刘扬扬	封　雄	赵丽辉	胡　博	贾双林
陈　政	王方雪	陈晓露	张馨戈	马一丹
沈君瑶	帅文琴	吴雁飞	陈美蒨	李书乐
郝祥钧	何海浩	周冰洁	孙楚越	段雅婕
李卉芬	刘　馨	袁逸梅	陈佳欣	谭千禧
高　航	朱泳莉	张　洁	秦梓彬	刘济铭
王西娟	卢旌平	张子来	吴　凡	李佳贺
褚佶凡	陆霄霞	路宁远		